Julie Leuze

Gestresst? Gelassen!

Stressbewältigung *(nicht nur)* für Hochsensible

Ein Praxisbuch

Umschlaggestaltung und Satz: Thomas Schwendemann, Wien
Coverillustration: Venita Oberholster (ArtsyBee) auf www.pixabay.com
Gedruckt und gebunden durch FINIDR, Tschechische Republik

ISBN 978-3-903234-20-8

FSC www.fsc.org MIX Papier aus verantwortungsvollen Quellen FSC® C014138

Hinweis:
Dieses Buch stellt eine Orientierungshilfe dar und ist zur Selbsthilfe gedacht. Es ist jedoch keine Therapie und kann den Besuch bei Ärzt*in, Psychiater*in, Psycholog*in oder Psychotherapeut*in keinesfalls ersetzen. Alle Übungen sind für psychisch gesunde Menschen konzipiert; im Zweifelsfall holen Sie bitte vor der Lektüre und Durchführung der Übungen ärztlichen/therapeutischen/psychotherapeutischen Rat ein. Personen mit akuten oder latenten Psychosen, Schizophrenie oder schweren Depressionen sollten die Übungen keinesfalls eigenmächtig absolvieren!
Autorin und Verlag übernehmen keinerlei Haftung für Schäden irgendeiner Art, die direkt oder indirekt aus der Anwendung oder Verwertung der Angaben, Informationen und Übungen in diesem Buch entstehen. Auch eine Haftung für die im Buch erwähnten Internetseiten und Apps wird von Autorin und Verlag ausgeschlossen.

Julie Leuze

Gestresst? Gelassen!

Stressbewältigung *(nicht nur)* für Hochsensible

Ein Praxisbuch

festland VERLAG
www.festland-verlag.com

Inhalt

EINFÜHRUNG – Hochsensibilität und Stress

1. Was ist Hochsensibilität? 9

2. Was ist Stress? 14

3. Die drei Stufen der Stressentstehung 18
   3.1 Der Stressor 18
   3.2 Persönliche Stressverstärker 20
   3.3 Die Stressreaktion 24

4. Warum Hochsensible besonders anfällig für Stress sind 29
   4.1 Überreizung 29
   4.2 Stressauslösende Glaubenssätze und soziale Normen 31
   4.3 Lebensdrama versus Lebensvision 32
   4.4 Secondhand-Stress 35
   4.5 Disposition für chronischen Stress 36

5. Strategien zur Stressbewältigung 38
   5.1 Stress verhindern oder reduzieren 39
   5.2 Die eigene Haltung oder Bewertung verändern 42
   5.3 Beruhigung, Entspannung, Regeneration 44

6. Erläuterungen zum Praxisteil des Buches 45
   6.1 Meditationen und Visualisierungen 47
   6.2 Achtsamkeit und Selbstmitgefühl 52
   6.3 Affirmationen 57
   6.4 Reflexionen und Schreibübungen 59
   6.5 Körperübungen und Bewegung 60

PRAXIS – Stressbewältigung für Hochsensible

1. Für den Morgen 65
   Körperübung: Bäumchen, schüttle dich 66

Meditation: Krafttanken am Morgen 68
Schreibübung: Unterstützen statt sabotieren 69
Affirmationen für einen wunderbaren Tag 71

2. Kraft schöpfen zwischendurch 72
Kurze Tiefenentspannung des Körpers 74
Körperübung: Tanzen und nachspüren 76
Achtsamkeitsübung: Genuss intensiv 77
Schreibübung: Energieräuber, Kraftspender, Lösungsmöglichkeiten 80
Meditation: Gedankenkinder 84

3. Bei Überreizung der Sinne 85
Schreibübung: Mein Ruheplatz in der Natur 87
Meditation: Mondlicht atmen 89
Meditation für Fahrten in öffentlichen Verkehrsmitteln 92
Achtsamkeitsübung: Diese eine Blume 93
Reflexion: Reize bewusst wahrnehmen und umbewerten 96

4. Bei chronischer Zeitnot 99
Reflexion: Wichtigkeit und Dringlichkeit 103
Reflexion: Tagesplanung für Hochsensible 106
Schreibübung: Der wundervolle Nein-Tag 110
Schreibübung: Brief aus der Zukunft 113
Körperübung: Langsames und schnelles Gehen 114
Meditation: Wolken beobachten 117
Meditation: Das große Ganze 119

5. Am Abend 123
Meditation: Geerdet wie ein Berg 125
Schreibübung: Dankbarkeitstagebuch 126
Übung vor dem Zubettgehen: Gedanken schließen 128
Impulse für den Umgang mit Schlafstörungen 129

6. Vor aufregenden und potenziell überwältigenden Situationen 136
Schreibübung: Heldenreise 137

Visualisierung: Meine schützende Hülle 141
Körperübung: Stark, stolz und selbstbewusst 143
Achtsames Selbstmitgefühl: Ein Freund an meiner Seite 146

7. Für schwierige Zeiten 149
Schreibübung: Friede und Stille 150
Meditation: Licht und Duft 152
Achtsames Selbstmitgefühl: Liebevoll zu mir selbst 154
Reflexion: Secondhand-Stress erkennen und entschärfen 156

8. Bei körperlichem Unwohlsein oder Schmerzen 159
Meditation: Goldenes Licht 162
Achtsamkeitsübung: Bodyscan 164
Visualisierung: Die Angst umarmen 166

9. In Phasen des Weltschmerzes 169
Meditation der liebenden Güte 173
Visualisierung: Mein persönlicher Helfer 175
Schreibübung: Vertrauen und Zuversicht 178
Achtsames Selbstmitgefühl: Ein Lichtlein in der Dunkelheit 179
Reflexion: Freudvolles Engagement 181

10. Bei Stress durch Perfektionismus 184
Schreibübung: Scheitern mit Happy End 188
Affirmationen: Ich bin genug 190
Praktische Übung: Ein Selbstfürsorge-Ritual etablieren 191
Reflexion: Den eigenen Perfektionismus hinterfragen 193

11. Der Notfallkoffer 195
Die „Eine-Minute“-Übung 197
Drei Atemzüge 198
Energielenkung durch Beine und Arme 199
Affirmationen für den Notfall 202
SOS-Meditation 203

12. Den Weg weitergehen 204
Reflexion: Mein „Wofür“ 205

Schreibübung: Engelskreis 207
Meditation: Ein herrlicher Stern 208

13. Zum guten Schluss: Glücklich hochsensibel! 211
Meditation: Glücksmomente kultivieren 212

Empfehlenswerte Literatur zur Vertiefung 216
Ausgewählte Meditations-App 217
Hilfreiche Websites 217

EINFÜHRUNG

—

Hochsensibilität und Stress

1. Was ist Hochsensibilität?

Seit einigen Jahren scheint Hochsensibilität in aller Munde zu sein.

Wurden hochsensible Menschen früher belächelt, nicht ernst genommen oder gar als Mimosen abgewertet, hat sich der Wind in letzter Zeit gedreht: Hochsensibel zu sein, ist fast schon ein Trend! Immer mehr Menschen bezeichnen sich selbst als hochsensibel – oft jedoch, ohne genau zu wissen, was damit eigentlich gemeint ist. Und dies kann allerlei Verwirrung und Missverständnisse mit sich bringen.

So muss beispielsweise nicht jeder Mensch mit einer Lärmempfindlichkeit automatisch gleich hochsensibel sein. In einigen Fällen liegt der Lärmempfindlichkeit eine rein körperliche Ursache zugrunde, etwa eine Verletzung des Innenohrs oder die Nachwirkung einer Krankheit; zuweilen handelt es sich auch um ein Symptom von Stress, Überforderung oder Traumatisierung.

Hochsensibilität jedoch umfasst mehr als ein einzelnes Symptom! Sie ist keine singuläre Überempfindlichkeit, keine Krankheit und natürlich auch kein Makel, sondern eine spezielle, vermutlich angeborene Veranlagung, die das gesamte Erleben beeinflusst. Der Informations- und Forschungsverbund Hochsensibilität e. V. (IFHS) erklärt diese Veranlagung so: „Hochsensible Menschen besitzen eine besondere Art der Informationsverarbeitung. Aufgrund besonderer Eigenschaften ihres Nervensystems nehmen Hochsensible mehr und intensiver wahr als andere Menschen. Dies hat manche Vorteile, führt allerdings auch zu früherer Erschöpfung und scheinbar geringerer Belastbarkeit."[1] Hochsensible unterscheiden sich von anderen Menschen somit dadurch, dass sie Informationen und Reize grundsätzlich ungefilterter aufnehmen, sie tiefer empfinden und auch gründlicher verarbeiten (wobei die Reizempfindlichkeit in bestimmten Bereichen natürlich ausgeprägter sein kann als in anderen).

Ein weiteres, wichtiges Merkmal hochsensibler Menschen ist ihre starke Empathiefähigkeit. Hochsensible fühlen sich mühelos in andere ein, können Körpersprache sehr gut lesen und Stimmungslagen intuitiv erfassen. Hier lässt sich übrigens ein maßgeblicher Unterschied zur Traumatisierung feststellen, die ansonsten ganz ähnliche Merkmale aufweisen kann wie die Hochsensibilität: Traumatisierte sind nämlich „häufig nicht empathisch bzw. können es nicht sein, da sie in ihrer überwältigenden inneren Wahrnehmung gefangen sind."[2]

Zwar verfügen Hochsensible ebenfalls über eine starke innere Wahrnehmung, ihre Fähigkeit zur – sogar sehr intensiven und differenzierten – Außenwahrnehmung wird dadurch aber in der Regel nicht beeinträchtigt.

Die spezielle Weise hochsensibler Menschen, mit der Welt und

---

1 *www.hochsensibel.org* (abgerufen am 09.04.2021).

2 Andrea Wandel, in: Jutta Böttcher (Hrsg.), Fach.Buch Hochsensibilität. Worauf es in der Begleitung Hochsensibler ankommt (Munderfing 2018), S. 90

ihren Reizen umzugehen, hat auf ihr Erleben natürlich Folgen.

So neigen viele Hochsensible zum intensiven Nachdenken oder sogar Grübeln. Situationen und Gespräche, denen Normalsensible kaum Bedeutung beimessen würden, können Hochsensible lange beschäftigen, da sie auch die Stimmung, das Ungesagte und die Zwischentöne sozialer Interaktionen sehr genau wahrnehmen und all diese Informationen dann innerlich miteinander abgleichen. Die Hochsensiblen-Expertin Susan Marletta Hart schreibt hierzu: „Alles im zwischenmenschlichen Bereich wird wahrgenommen und intensiv verarbeitet. Hochsensible können kaum nichtspüren oder nichtwahrnehmen. Das ist das Hauptkennzeichen der hochsensiblen Persönlichkeit. Es ist eine Gabe und eine Last."[3] Dieses „Hauptkennzeichen" kann mitunter sehr anstrengend werden, und so verwundert es nicht, dass Small Talk, Partys und große Veranstaltungen eher nicht zu den bevorzugten Beschäftigungen der meisten Hochsensiblen zählen!

Schon ein einfaches Gespräch kann in einem hochsensiblen Menschen stark nachhallen. Kommen dann noch laute Umgebungsgeräusche, grelles Licht oder starke Gerüche hinzu, fühlen Hochsensible sich rasch überstimuliert und entsprechend unwohl. Das Thema Reizüberflutung ist deshalb eines der häufigsten Probleme, vor das sich Hochsensible in ihrem Alltag gestellt sehen: Eigentlich unspektakuläre Tätigkeiten

---

3 Susan Marletta Hart, Hochsensibilität und Stress. Gelassen – jeden Tag (Bielefeld 2018), S. 73.

und Erlebnisse – wie ein öffentliches Verkehrsmittel zu benutzen, ein Kindergartenfest zu besuchen oder nach einem langen Arbeitstag noch mit Freunden auszugehen – können sich für Hochsensible nicht nur schlecht anfühlen, sondern sogar zu körperlichen und seelischen Erschöpfungssymptomen führen.

Manche Hochsensible reagieren zudem auf Medikamente, Alkohol, Kaffee etc. deutlich stärker als Normalsensible. Auch ist ihre Schmerzschwelle oft niedriger, und ihre feinen Sinne sorgen dafür, dass kratzende Kleidung, scheuernde Etiketten oder zu enge Schuhe als regelrecht unerträglich empfunden werden.

Wie bereits erwähnt, können Hochsensible sich besonders gut in andere Lebewesen einfühlen. Diese Empathie ist im Grunde eine wunderbare Fähigkeit, kann im Übermaß aber leider auch negative Auswirkungen haben: Gelingt es nämlich nicht, sich ausreichend von schlimmen Nachrichten, Leid und Grausamkeit in der Welt abzugrenzen, kann das Mitfühlen schnell in ein deprimierendes, lähmendes Mitleiden umschlagen. Und auch weniger dramatisches Mitempfinden kann bei mangelnder Abgrenzungsfähigkeit zu Problemen führen, so zum Beispiel, wenn der Stress des Partners so stark gespürt wird, als sei es der eigene, sodass entsprechende Stresssymptome ausgelöst werden.

Aber keine Sorge – das intensive Wahrnehmen und Erleben ist nicht nur anstrengend und schwierig! Im Gegenteil: Da alles intensiver wahrgenommen wird, gilt dies natürlich auch für alles

Positive. Nicht nur Unbehagen und Leid werden also stärker empfunden, sondern ebenso Wohlbefinden und Glück!

Deshalb kennen die meisten Hochsensiblen wunderschöne, intensive Gefühle von Liebe und Verbundenheit. Große Visionen sind ihnen ebenso wenig fremd wie sprudelnde Kreativität, und oft besitzen sie einen besonders wachen Blick für die Schönheiten unserer Welt. Viele verspüren eine große Liebe zur Natur und das Herzensbedürfnis, anderen Lebewesen – Menschen, Tieren, Pflanzen – nach Kräften zu helfen. Stumpf vor sich hinleben, können Hochsensible nicht: Die persönliche Sinnsuche und eine tiefe Spiritualität gehören für die meisten ganz selbstverständlich zu ihrem Sein.

Aus alldem lässt sich ersehen: Hochsensible Menschen haben die besten Voraussetzungen dafür, ein wunderbares, kraftvolles, sinnerfülltes Leben zu führen! Dank ihrer großen Empathie und ihrer besonderen Fähigkeiten können sie ein Segen sein – für sich selbst, ihre Familien, ihre Umgebung und die Welt.

Doch die Voraussetzung dafür ist, dass sie von dieser Welt mit ihrer Fülle an Reizen nicht überrollt werden! Und deshalb müssen Hochsensible mehr noch als andere Menschen lernen, gut für sich selbst zu sorgen. Dies gilt bereits für den normalen Alltag; vor allem aber gilt es für diejenigen Momente und Phasen im Leben, die als stressig empfunden werden, denn unter Stress leiden hochsensible Menschen nicht nur öfter, sondern auch massiver und länger anhaltend als weniger reizempfindliche Menschen. Das ist auf Dauer alles andere als gesund!

Was aber ist Stress denn nun eigentlich genau?

2. Was ist Stress?

„War das wieder stressig heute!"
„Ich bin so im Stress, können wir unser Treffen bitte verschieben?"
„Lass das, du stresst mich damit total!"

Jede*r von uns weiß, wie sich Stress anfühlt. Stress ist eine häufige Antwort auf die Frage nach unserem Befinden, und das ist kein Wunder, scheint er doch überall in unserer Welt zu lauern: im Büro, in der Schule, im Verkehr, in zwischenmenschlichen Beziehungen ... Sogar den Freizeitstress gibt es. Was aber ist Stress denn nun genau?

Im Grunde nichts anderes als eine Alarmreaktion: Ein Reiz aus der Umwelt trifft auf eine Person und versetzt sie in eine erhöhte Wachsamkeit. Das Nervensystem dieser Person wird auf eine „Fight-or-Flight-Reaktion" vorbereitet, also auf Kampf oder Flucht.[4] Das geschieht, indem Stresshormone ins Blut geleitet werden, das Herz schneller schlägt und die Konzentration sich auf diesen einen Reiz fokussiert, sodass alles, was nichts mit der (vermeintlichen) Gefahr zu tun hat, in den Hintergrund tritt.
Diese – hier etwas verkürzt dargestellte – Reaktion einer Per-

[4] Manchmal wird zusätzlich das Erstarren („Freeze") als mögliche Reaktion genannt, selten auch noch das Hofieren/Einschmeicheln („Fawn").

son auf den Umweltreiz ist zunächst einmal nichts Schlechtes. Denn wenn ihr ein hungriges Raubtier oder ein aggressiver Betrunkener gegenübersteht, tut die Person durchaus gut daran, alles aufs eigene Überleben zu setzen und sich voll und ganz auf die gefährliche Situation zu konzentrieren! Nur: Wie oft geraten wir wirklich in eine solche Situation? Ist es überhaupt nötig, zu kämpfen oder zu fliehen, wenn uns im Alltag irgendetwas unangenehm reizt?

Oder wäre es nicht doch sinnvoller, wenn gerade wir Hochsensiblen es lernen würden, etwas gelassener mit all den Stress auslösenden Reizen umzugehen, mit denen wir uns konfrontiert sehen?

Um diesen Fragen nachzuspüren, stellen wir uns als Beispiel Maria vor: eine hochsensible Frau, die mit der U-Bahn zur Arbeit fährt. Maria ist sehr geruchsempfindlich, und in der vollen U-Bahn ist sie vielfältigen Geruchsreizen ausgesetzt: Da ist der Mann neben ihr, der offenbar seit Tagen nicht geduscht hat; die junge Frau mit dem schweren, aufdringlichen Parfum; das Kleinkind, das dringend eine frische Windel bräuchte; und mittendrin, eingequetscht zwischen diesen und weiteren Menschen, steht Maria, die sich von all den Gerüchen regelrecht bombardiert fühlt.

Sie empfindet die Situation spontan als Bedrohung: Es stinkt und das ist Maria schrecklich unangenehm! Sie muss die Gerüche aber aushalten, da sie ja weiter mit der U-Bahn zur Arbeit fahren möchte.

Doch Maria hasst schlechte Gerüche ... und schon fängt das Gedankenkarussell an, sich zu drehen:

- *Wenn das so weitergeht, wird ihr noch schlecht, sie kennt das schon von sich.*
- *Was, wenn sie sich übergeben muss, hier, in der voll besetzten U-Bahn?*
- *Wie unfassbar peinlich das doch wäre!*
- *Oh Gott, am liebsten würde sie ... ja, was?*

Kämpfen oder fliehen! Die müffelnden Mitreisenden also weit von sich stoßen oder die U-Bahn so schnell wie möglich verlassen. Und um ihr dies zu ermöglichen, bereitet ihr fürsorglicher Körper schon einmal alles für Maria vor: Er erhöht ihre Muskelspannung, lässt Maria schneller atmen und ihr Herz schneller schlagen.

Aber das nützt ihr leider nur wenig! Denn natürlich beginnt Maria weder, mit ihren Mitreisenden zu kämpfen, noch flieht sie Hals über Kopf aus der U-Bahn. Stattdessen harrt Maria aus – und leidet jetzt nicht mehr nur unter den Gerüchen um sie herum, sondern zusätzlich unter ihrer eigenen Reaktion darauf. Diese zeigt sich zuerst als ein diffuses körperliches Unwohlsein, steigert sich aber bald schon, da Maria zunehmend nervös wird, immer mehr panische Gedanken entwickelt und ihr prompt der Schweiß ausbricht. Als Maria schließlich ihr Fahrtziel erreicht hat und endlich aussteigen darf, ist sie zittrig, durchgeschwitzt und erschöpft – mit anderen Worten: total gestresst.

Und all das nur, weil es in der U-Bahn schlecht gerochen hat!

Die Stressreaktion, eigentlich ein wichtiger Überlebensmechanismus, hat sich in Marias Fall nicht nur als nutzlos herausgestellt – weder Kampf noch eine Flucht auf die U-Bahn-Gleise wären eine sinnvolle Reaktion auf die Geruchsbelastung gewesen –, sondern sogar als kontraproduktiv. An der Situation selbst hat sich nämlich nichts verändert, Maria aber hat zunehmend gelitten, und zwar nicht mehr nur unter dem unangenehmen Reiz (den Gerüchen), sondern auch unter ihren eigenen körperlichen und mentalen Reaktionen darauf (u.a. dem Schweißausbruch und den panischen Gedanken), die von ihren persönlichen Stressverstärkern ausgelöst bzw. verschärft wurden (Marias Bewertung der Gerüche als widerlich, ihrer Einschätzung, dem hilflos ausgesetzt zu sein, sowie ihrer tief sitzenden Angst vor Kontrollverlust und Ablehnung, konkret: sich vor aller Augen zu übergeben und damit bei ihren Mitreisenden Ekel auszulösen).

An diesem Beispiel lässt sich gut erkennen, dass Stress nichts ist, was auf einen einzelnen, objektiven Faktor reduziert werden kann. Er ist nicht einfach da, und wir sind ihm auch nicht hilflos ausgeliefert wie einer dunklen, feindlichen, unbezwingbaren Macht.

Stress baut sich vielmehr auf – und unser eigenes Zutun spielt eine wichtige Rolle dabei! Denn das, was wir Stress nennen, besteht bei näherem Hinsehen aus drei Elementen: dem

Stressor, unseren persönlichen Stressverstärkern und unserer Stressreaktion. Diese Elemente bilden die drei Stufen der Stressentstehung, die wir uns nun etwas genauer ansehen wollen.[5]

3. Die drei Stufen der Stressentstehung

Wir selbst haben Anteil daran, dass Stress in uns ausgelöst wird? Zugegeben, das zu hören, ist zunächst einmal unangenehm! Wenn wir jedoch wissen, dass wir einen nicht zu unterschätzenden Part in unserem Stresserleben spielen, dann sind es auch wir selbst, die etwas dagegen unternehmen können! Wir sind den schwierigen Umständen, der hektischen Welt, dem fordernden Chef oder eben der Geruchsbelastung in der U-Bahn gar nicht so hilflos ausgeliefert, wie wir immer dachten. Und das ist doch eine tolle Nachricht, oder?

3.1 Der Stressor

Wie wir oben gesehen haben, ist der Stressor ein Reiz, der auf eine Person trifft. Dieser Reiz kann ganz unterschiedlich daherkommen: als bedrohlicher Mensch, als übler Geruch, als knurrender Hund, als komplizierte Aufgabe, als Wäscheberg, als grelles Licht, als schreiendes Baby.

---

[5] vgl. hierzu: Gert Kaluza, Stressbewältigung. Trainingsmanual zur psychologischen Gesundheitsförderung (Berlin 2018), sowie ders., Gelassen und sicher im Stress. Das Stresskompetenz-Buch: Stress erkennen, verstehen, bewältigen (Berlin 2018).

Dabei ist der gleiche Reiz aber nicht für jeden Menschen auch ein Stressor: Eine lebensbedrohliche Erkrankung, ein Umzug oder ein Unfall werden wohl von den meisten Menschen als Stressoren empfunden; doch ein verlegtes Portemonnaie regt die eine weniger auf als den anderen, und eine große Party kann sowohl als lustig und anregend empfunden werden, als auch hochgradigen Stress auslösen.

Wie ist es bei Ihnen? Vervollständigen Sie doch einmal den folgenden Satzanfang: *„Ich fühle mich gestresst, wenn …“*

Nehmen Sie sich dafür bitte etwas Zeit. Legen Sie das Buch beiseite und überlegen Sie, wann Sie persönlich in Stress geraten:

- *Wenn Sie einen Vortrag halten müssen?*
- *Wenn das Geld am Ende des Monats knapp wird?*
- *Wenn Sie sich mit Ihrer gerade laufenden Scheidung beschäftigen müssen?*
- *Wenn Ihnen zu heiß oder kalt ist, oder wenn Sie im Regen nass werden?*

Seien Sie dabei bitte ehrlich zu sich selbst; nichts ist zu groß oder zu klein, um auf die Liste gesetzt zu werden.
Lesen Sie sich die so entstandene Liste nun noch einmal durch: All dies sind Ihre persönlichen Stressoren. Und da Sie dieses Buch lesen und somit vermutlich hochsensibel sind, werden etliche Reize dabei sein, die andere Menschen kaum wahrnehmen, geschweige denn sich davon stressen lassen: die ange-

spannte Stimmung in einem Raum, ein leichtes Hungergefühl oder, wie in unserem Beispiel mit Maria, das Potpourri an Gerüchen in der U-Bahn.

Welcher Reiz als Stressor empfunden wird, ist also kein Naturgesetz, sondern sehr subjektiv! Was bei dem einen Menschen massiven Stress auslöst, kann einen anderen völlig kalt lassen. Zwischen dem potenziellen Stressor und der eigenen Stressreaktion liegt gewissermaßen eine Brücke – und diese Brücke besteht aus unseren persönlichen Stressverstärkern.

3.2 Persönliche Stressverstärker

Ob ein Reiz zum Stressor wird, der in der Folge eine Stressreaktion auslöst, hängt maßgeblich von unserer Einschätzung der Situation ab. Entscheidend ist also nicht der Reiz an sich, sondern seine Bewertung durch uns. Wenn der Reiz uns erreicht, ordnen wir ihn nämlich blitzschnell ein: Ist er positiv, irrelevant oder negativ?

Erachten wir den Reiz als positiv oder irrelevant, ist eine Stressreaktion für uns unnötig und wird deshalb auch nicht ausgelöst. Erachten wir den Reiz allerdings als negativ (und das kann auch ganz unbewusst geschehen), erfolgt eine zweite Bewertung: Gehen wir davon aus, die durch den Reiz entstehende Belastung bewältigen zu können? Werden unsere Ressourcen ausreichen, um die Herausforderung zu meistern?

Falls wir uns selbst hier die Antwort „Ja" geben können, ist alles in Ordnung.

Doch falls auch diese zweite Bewertung ungünstig ausfällt, wir also befürchten, dass sich unsere Ressourcen oder Fähigkeiten als ungenügend erweisen werden, ist die Brücke gebaut: Wir haben den Reiz als Stressor eingestuft und beantworten ihn mit einer Stressreaktion.

Illustrieren wir diesen Vorgang zum besseren Verständnis mit unserem Beispiel der hochsensiblen Maria: Wenn Maria die volle Windel des Kleinkinds in der U-Bahn riecht, ordnet sie diesen Geruchsreiz in einem ersten Schritt als negativ ein („Der widerliche Geruch stört mich."), um in einem zweiten Schritt ihre Ressourcen und Kompetenzen abzuklopfen (kein Geld für ein Taxi; kein Platz, um Abstand zwischen sich und das Kleinkind zu bringen; keine innere Gelassenheit, den Geruch einfach zu akzeptieren). Schließlich kommt Maria zur Einschätzung: Der Geruchsreiz ist eine Bedrohung! Er ist zum Stressor geworden, und als solcher führt er Maria auf die letzte Stufe der Stressentstehung: Er löst eine Stressreaktion bei ihr aus.

Noch etwas anderes kommt bei Maria hinzu: ihre Angst vor Kontrollverlust und Ablehnung. Diese Angst äußert sich in Marias panischem Gedanken, dass sie sich bestimmt gleich vor den Augen aller übergeben müsse – eine Vorstellung, die ihren Puls sofort in unangenehme Höhe treibt. Marias Ängste und Sorgen feuern ihre Stressreaktion somit erst so richtig an! Und wie Maria geht es uns allen manchmal: Jede*r von uns hat nämlich Einstellungen, Glaubenssätze, Ängste und Verhaltensweisen, die stressverschärfend wirken – oder einen Reiz überhaupt erst zum Stressor machen.

Häufige Stressverstärker sind zum Beispiel:

- *ein hoher Anspruch an die eigene Leistung („Ich muss perfekt sein!")*
- *ein übermäßiges Streben nach Autonomie („Ich muss vollkommen unabhängig sein!")*
- *ein übertriebenes Harmoniebedürfnis („Es ist wichtig, dass alle mich zu jeder Zeit mögen!")*
- *der Drang, die Kontrolle zu behalten („Bloß kein Risiko eingehen, nur keine falsche Entscheidung treffen!")*
- *der Anspruch an sich selbst, auf jeden Fall durchzuhalten („Andere schaffen das auch, stell dich nicht so an. Aufgeben gibt's nicht!")*

In einer milden Ausprägung sind die Prinzipien, die diesen Stressverstärkern zugrunde liegen, eigentlich nichts Schlechtes. Harmonisch mit anderen zusammenzuleben beispielsweise macht definitiv mehr Freude, als sich ständig zu streiten! Bedenklich wird es jedoch, wenn unsere Motive, Einstellungen und Glaubenssätze überzogen und extrem werden. Dann nämlich sind Stressverstärker entstanden, mit denen wir uns selbst unter Druck setzen und die uns nicht guttun.

Um diese Stressverstärker zu entschärfen, müssen wir sie ehrlich anschauen. Das braucht allerdings Mut, denn zuweilen führt eine solche Auseinandersetzung mit sich selbst in dunkle und schmerzhafte Tiefen. Es kann betroffen machen und das Innerste eines Menschen berühren, wenn ihm klar wird, dass sein Perfektionismus, sein übergroßes Harmoniebedürfnis, sein Pessimismus oder sein Wunsch, unter allen Umständen von sämtlichen Menschen gemocht zu werden, einen erheblichen Beitrag zu seinem Stresserleben leistet. Viel komfortabler erscheint es, die Gründe für den eigenen Stress im Außen zu suchen statt im Inneren!

Und doch: Gerade die Erkenntnis, dass wir selbst einen bedeutenden Anteil an der Entstehung unseres Stresses haben, eröffnet uns die heilsame Möglichkeit, etwas zu verändern – in uns und für uns.

Dass zwischen Stressor und Stressreaktion die Brücke der persönlichen Stressverstärker liegt, soll nun übrigens nicht zu der Schlussfolgerung verführen, dass ein gestresster Mensch „irgendwie selbst schuld“ sei an seiner Misere. Es geht hier mitnichten um die Frage der Schuld! Es geht lediglich um das Bewusstsein dafür, dass wir dem Stress in unserem Leben nicht ohnmächtig ausgeliefert sind. Anstatt in der Opferrolle zu verharren, dürfen und sollten wir uns Handlungsmöglichkeiten erschließen – aber dafür müssen wir zunächst einmal erkennen, was uns stresst, warum es uns stresst und was uns helfen könnte, damit es uns weniger stresst. Denn nur, wenn wir das wissen, können wir uns auf die Suche nach individuell passenden Lösungen machen und unseren Stress schlussendlich erfolgreich bewältigen.

3.3 Die Stressreaktion

Ist ein Reiz für uns zum Stressor geworden, so beantworten wir ihn schließlich mit einer Stressreaktion. Diese, wir erinnern uns, hat den ursprünglichen Sinn, den Körper zu aktivieren und rasch Energie bereitzustellen, damit wir der (vermeintlichen) Gefahr unverzüglich durch Flucht oder Kampf begegnen können. Was so simpel klingt, ist jedoch ein höchst komplexes Zusammenspiel von körperlichen Vorgängen, Verhaltensweisen, Gefühlen und Gedanken.

So zeigt sich eine Stressreaktion auf der körperlichen Ebene folgendermaßen:

- *Das Herz wird besser durchblutet, es schlägt schneller und der Blutdruck steigt. Das Blut wird innerhalb des Körpers umverteilt: Verdauungstrakt, Genitalorgane, Hände und Füße werden schlechter durchblutet, das Herz, die Muskeln und das Gehirn hingegen besser.*
- *Das Gehirn nutzt die bessere Durchblutung, um neue Informationen schneller aufnehmen und verarbeiten zu können. Die Aufmerksamkeit ist nach außen – zur Gefahr hin – gerichtet und unter Umständen extrem fokussiert, was zum*

sogenannten Tunnelblick führt.

- Die Muskeln werden nicht nur besser durchblutet, sondern gleichzeitig erhöht sich auch die Muskelspannung, vor allem im Schulter-Nacken-Bereich und im Rücken. Außerdem verbessern sich die motorischen Reflexe.
- Der schlechter durchblutete Verdauungstrakt fährt seine Tätigkeit herunter.
- Der Speichelfluss im Mund vermindert sich, was zum Gefühl eines trockenen Mundes führen kann.
- Die Libido ist gehemmt, die Reaktion auf sexuelle Reize eingeschränkt. Beim Mann werden unter Stress weniger Spermien produziert.
- Die Atmung verändert sich, sie wird flacher und schneller. Die Brustatmung dominiert, und die Einatmung wird gegenüber der Ausatmung verstärkt, damit der Körper mehr Sauerstoff aufnehmen kann.
- Auch der Stoffwechsel verändert sich: Zucker und Fettsäuren aus den Reserven des Körpers werden freigesetzt, damit sie bei energiezehrenden Aktionen (kämpfen, rennen ...) verbrannt werden können.
- Die Schweißdrüsen der Haut werden aktiviert, damit die bei der Energieproduktion erzeugte Wärme rasch abgegeben werden kann. Ergebnis ist ein vermehrtes Schwitzen, das sogenannte „Stressschwitzen" unter den Achseln und/oder an den Händen.
- Die Schmerzempfindlichkeit ist herabgesetzt, da vermehrt Endorphine ausgeschüttet werden. Dies ist jedoch nur für

kurze Zeit der Fall, da die Endorphinspeicher nicht unbegrenzt angezapft werden können; werden sie durch häufige Stresssituationen zu stark geleert, kann sich deshalb das Schmerzempfinden sogar steigern. (Möglicherweise erklärt sich so die niedrige Schmerztoleranz von Hochsensiblen, die sich in der Regel oft gestresst fühlen.)

- *Nicht unmittelbar spürbar, aber trotzdem wichtig: Stress hat auch Auswirkungen auf das Immunsystem. Vor allem bei dauerhaftem Stress wird dieses nachhaltig geschwächt, eine erhöhte Krankheitsanfälligkeit ist die Folge. Manchmal reagiert das Immunsystem allerdings auch gegenläufig: Es wird übermäßig stark aktiviert, was dann z. B. zu Allergien und Autoimmunerkrankungen führen kann.*

Nicht nur auf der körperlichen, sondern auch auf der Ebene des Verhaltens macht sich Stress bemerkbar – vor allem, wenn er länger andauert:

- *Unter chronischem Stress werden wir planlos und verzettelt, arbeiten weniger effektiv, und häufig verlieren oder verlegen wir Dinge. Unser Gedächtnis wird schlechter, wir vergessen mehr als in entspannten Zeiten. Sogar zu Wortfindungsstörungen kann es kommen.*
- *Wir werden ungeduldig, alles geht uns zu langsam, wir können Unterbrechungen und Pausen nur noch schlecht ertragen. Da wir das Gefühl haben, ständig unter Strom zu stehen, trommeln wir mit den Fingern auf die Tischplatte,*

Kinder hampeln ununterbrochen herum etc.

- *Anderen gegenüber benehmen wir uns unduldsamer, sind schneller gereizt und werden rasch wütend oder laut.*
- *Unter Umständen putschen wir uns stärker auf, betäuben uns aber auch stärker: Wir trinken mehr Kaffee und Alkohol, rauchen mehr, nehmen vielleicht sogar Schlaftabletten oder Aufputschmittel.*

Und sogar unsere Gefühle und Gedanken verändern sich unter Stress! Diese Veränderungen sind meist weniger augenfällig als die Stresssymptome, die sich auf der Verhaltensebene beobachten lassen. Doch das macht sie nicht weniger belastend: Der gestresste Mensch kann sich hilflos und verängstigt fühlen. Er oder sie wird nervös und unruhig, fühlt sich zunehmend getrieben und den Umständen ausgeliefert. Versagensängste und Schuldgefühle, Grübeln und Schlafstörungen können hinzukommen. Schlussendlich kann chronischer Stress in Burnout, Depressionen und andere psychische sowie körperliche Krankheiten münden.

In diesem Zusammenhang ist es mir allerdings wichtig zu betonen: Wenn wir nur akuten, gelegentlich auftretenden Stress haben und diesen relativ schnell bewältigen können, stellt er keine Bedrohung dar! Unsere Stressreaktion kann dann schon nach kurzer Zeit wieder abflauen, Körper und Geist können sich beruhigen und wir finden zurück in unseren Normalzustand.

Stress an sich ist somit kein Bösewicht, dem wir unter allen Umständen aus dem Weg gehen müssen. Stressige Situationen gehören zum Leben dazu, und wir alle sind bestens dafür gerüstet, uns ihnen immer mal wieder zu stellen! Vor kurzfristigem Stress braucht niemand Angst zu haben – auch hochsensible Menschen nicht.

Anders sieht es jedoch aus, wenn wir nicht mehr bloß ab und zu gestresst sind, sondern einen Großteil unserer Zeit; wenn wir den Stress also nicht mehr gut bewältigen und ausgleichen können, sondern uns ihm beugen und unter ihm leiden. Bildlich gesprochen: wenn wir nicht mehr alle paar Tage einem Raubtier gegenüberstehen, sondern alle paar Minuten, oder wenn das Raubtier uns sogar ununterbrochen anstarrt! Denn dann ist aus einer akuten Stresssituation eine chronische geworden, aus einer vorübergehenden Reaktion unseres Körpers und Geistes eine permanente. Und dieser Dauerstress macht früher oder später unweigerlich krank.

Um dies wieder mit Maria aus unserem Beispiel zu illustrieren: Wenn Maria fünf Minuten lang in der U-Bahn unter der Geruchsbelastung leidet, dann jedoch einen angenehmen Tag verbringt, wird dieser kurzfristige Stress kaum Probleme nach sich ziehen. Hat sie jedoch zusätzlich noch Ärger im Job, streitet sich am Abend mit ihrem Partner und schläft danach schlecht, erhalten ihr Körper und Geist praktisch keine Möglichkeit, aus dem Alarmzustand in den Normalzustand zurückzukehren. Und geht es Maria nicht nur an diesem einen Tag so, sondern regelmäßig, wird ihre Gesundheit irgendwann mit Sicherheit darunter leiden.

4. Warum Hochsensible besonders anfällig für Stress sind

Halten wir also fest: Eine Stressreaktion kann sich sowohl auf der körperlichen und der Verhaltensebene wie auch auf der Gefühls- und Gedankenebene zeigen. Sporadischer Stress, der rasch bewältigt und ausgeglichen wird, ist nichts Schlimmes, wir sind gut dafür gerüstet! Bei Dauerstress hingegen können die Stressreaktionen nicht mehr umfassend genug abflauen, was auf lange Sicht sowohl zu Erschöpfungszuständen als auch zu gravierenden körperlichen und seelischen Krankheiten führen kann. Somit sollten gerade hochsensible Menschen sorgfältig auf ein gutes Stressmanagement achten, da sie für Stress in der Regel anfälliger sind als ihre dickhäutigeren Zeitgenossen.

Aber warum ist das eigentlich so? Sehen wir uns die Ursachen hochsensiblen Stresserlebens doch einmal an.

4.1 Überreizung

Es gibt mehrere Gründe, warum hochsensible Menschen anfälliger dafür sind, sich gestresst zu fühlen, doch der augenscheinlichste liegt in der Beschaffenheit ihres Nervensystems: Wer weniger Reize herausfiltert und die vielen verbliebenen Reize zudem stärker wahrnimmt und umfassender verarbeitet, muss mit viel mehr potenziellen Stressoren zurechtkommen als jemand, den die gleichen Reize kaum berühren oder der sie von vornherein auszusortieren vermag.

Diese Überflutung betrifft übrigens nicht immer nur körperliche Sinneswahrnehmungen wie das Sehen, Riechen oder Hören. Auch die täglichen Nachrichten, Beziehungen, Gespräche oder sogar die intensive geistige Beschäftigung mit einem interessanten Thema können zur Überreizung führen! Wenn Sie als Hochsensible*r also gerade lange mit Ihrer Kollegin gesprochen haben, das Gesagte und Gehörte in Ihnen nachhallt und Sie dann eine wichtige E-Mail bekommen, die Sie zeitnah bearbeiten müssen, so kann dies bereits zu einer Stressreaktion führen. Völlig unverständlich für Ihre nicht hochsensible Kollegin, haben Sie doch bloß nett geplaudert und müssen jetzt nichts weiter tun, als eine läppische Mail zu beantworten; völlig verständlich jedoch für Ihren hochsensiblen Freund, dem es manchmal genauso ergeht und der sich deshalb gut in Sie einfühlen kann.

Eine bestehende Überreizung kann also dazu führen, dass zusätzliche Reize, die wir normalerweise als neutral und harmlos einordnen würden, nun ebenfalls als Stressoren wahrgenommen werden, sodass sich unsere Stressreaktion immer weiter verstärkt.

4.2 Stressauslösende Glaubenssätze und soziale Normen

Die meisten Menschen haben einen oder mehrere Glaubenssätze verinnerlicht, die Stress auslösen können oder ihn verstärken. Für Hochsensible typisch sind vor allem das Leistungsmotiv („Ich muss perfekt sein!"), das Bindungsmotiv („Ich muss beliebt sein!") und das Motiv, die eigenen Grenzen zu ignorieren („Ich muss durchhalten!"). Wer von uns hat sich zum Beispiel noch nicht mit einem robusteren Zeitgenossen verglichen und daraufhin sein eigenes Bedürfnis, eine Pause zu machen, hintangestellt? Gerade das Vergleichen mit Nicht-Hochsensiblen, der Drang, sich ihnen anzupassen, ist weit verbreitet und führt unweigerlich zu Stress und Erschöpfung, ebenso wie Perfektionismus und ein übergroßes Bedürfnis nach Kontrolle. Solche eigenen stressverstärkenden Glaubenssätze zu erkunden und geduldig an ihnen zu arbeiten, ist eine wichtige und lohnende Aufgabe, die jedoch auch schmerzhaft sein kann. Unter Umständen ist es ratsam, hier die Begleitung eines Coachs oder Therapeuten in Anspruch nehmen.

Auch soziale Normen können erheblichen Stress auslösen. Wenn der hochsensible Mensch manchmal oder ständig das Gefühl hat, sich entgegen den Erwartungen der Gesellschaft zu verhalten – weil er oder sie sich beispielsweise öfter zurückzieht, weniger belastbar ist, grausame Filme nicht sehen kann oder beruflichen Druck nicht erträgt –, so kann dies zu einer bedeutenden Quelle von Stress werden.

Konformität wird von der Gesellschaft in der Regel belohnt, das Abweichen von der Norm eher nicht; je nach Art und Grad des Abweichens wird es sogar sanktioniert. Anders zu sein, sich anders zu fühlen oder anders zu benehmen, heißt also immer auch, die Gefahr von Ablehnung oder negativen Konsequenzen in Kauf nehmen zu müssen, und dies kann – nicht nur für hochsensible Menschen – sehr belastend sein. Denn selbst wenn die Missbilligung der anderen nicht offen zum Ausdruck gebracht wird, sondern bloß unterschwellig spürbar ist, nehmen die empfindsamen Hochsensiblen diese Missbilligung natürlich nur allzu gut wahr!

So bleibt in manchen Fällen lediglich die Wahl zwischen kurzfristigem und langfristigem Stress: langfristig, wenn der oder die Hochsensible sich zur Anpassung zwingt und (heimlich) darunter leidet; kurzfristig, wenn er oder sie das eigene Wohlergehen für wichtiger erachtet als die soziale Norm und deshalb verurteilt wird oder sogar handfeste Nachteile, zum Beispiel eine Kündigung, erleidet.

4.3 Lebensdrama versus Lebensvision

Der starke Drang, ein anderes, stimmigeres und vielleicht unkonventionelleres Leben zu führen, kann auch unabhängig von der negativen Bewertung anderer Menschen als stressig empfunden werden: Viele Hochsensible haben eine bewusste oder unbewusste Vision für ihr Leben, sie ahnen, dass sie einen Sinn zu erfüllen haben, dass ein bestimmter Platz, eine bestimmte Aufgabe in dieser Welt, ja, eine bestimmte Seinsweise auf sie wartet. Diese Ahnung kann dann auf die tatsächliche Lebenssituation prallen, die unter Umständen als unbefriedigend und falsch empfunden wird.

Jutta Böttcher, Gründerin von „Aurum Cordis – Kompetenzzentrum für Hochsensibilität", nennt diese quälende Ambivalenz zwischen Lebensdrama und Lebensvision die „Achillesferse der Hochsensiblen". Zum Lebensdrama gehören für Böttcher aber nicht nur unpassende Lebensumstände, sondern auch die schmerzlichen Erfahrungen, die hochsensible Menschen in ihrer Vergangenheit machen mussten und die eine sich ständig selbst verstärkende Sogwirkung entfalten können – in der Gegenwart: „Als vernetzt wahrnehmende Menschen nehmen sie [die Hochsensiblen, Anmerkung der Autorin] gleichzeitig die aus alten Erfahrungen herrührenden Schmerzpunkte ihres Lebens (Lebensdrama = Anspannung!) in derselben Intensität wahr wie auch das sichere Empfinden für ihre Mitwirkungsmöglichkeiten an der Verwirklichung einer über sie selbst hinausweisenden Vision (Lebensvision = Entspannung!)", schreibt Böttcher. Sie verweist auf den hieraus erwachsenden „tiefen Wunsch vieler Hochsensibler, die innere Spannung zu reduzieren. Diese entsteht unvermeidlich zwischen dem schmerzvollen Lebensdrama bei gleichzeitiger Gewissheit über die Existenz einer Lebensvision. Abhängig davon, wohin die Aufmerksamkeit gewendet oder gezogen wird, liegt hier das größte Risiko Hochsensibler, zu erkranken, und zugleich ihre stärkste Möglichkeit zur Aktivierung ihrer Selbstheilungskräfte."[6]

Nach dieser Sichtweise ist es für hochsensible Menschen also nicht nur wichtig, sondern geradezu unabdingbar, ihrer Sehnsucht nach Veränderung zu folgen und den Weg der Selbstverwirklichung zu gehen, um ein bewusstes, als richtig und sinnvoll empfundenes, gesundes Leben führen zu können. Ein solches Leben ist dann auch nicht mehr von chronischem Stress geprägt, kann doch über „das Aufspüren des Veränderungsimpulses und des Lebensauftrages [...] die tiefere Ursache für den Dauerstress abgestellt"[7] werden.

Im Rahmen einer Einführung wie dieser kann auf ein so überaus wichtiges Thema natürlich lediglich hingewiesen werden. Doch falls Sie nun ahnen, dass die „Achillesferse der Hochsensiblen" auch Sie betreffen könnte, möchte ich Sie ausdrücklich dazu ermutigen, sich beherzt auf die Suche nach Ihrer Lebensvision zu begeben – selbstständig, mit therapeutischer Hilfe, mit spiritueller Begleitung oder unterstützt durch einen (hochsensiblen) Coach. Den richtigen Platz in dieser Welt zu finden, ist zwar eine mitunter mühevolle Aufgabe, die uns lange Jahre begleiten kann. Doch haben wir diesen Platz erst einmal eingenommen, „darf die Ruhelosigkeit aus dem Verän-

---

6 Beide Zitate: Jutta Böttcher (Hrsg.), Fach.Buch Hochsensibilität. Worauf es in der Begleitung Hochsensibler ankommt (Munderfing 2018), S. 229.

7 Mechthild Rex-Najuch, in: Jutta Böttcher (Hrsg.), Fach.Buch Hochsensibilität. Worauf es in der Begleitung Hochsensibler ankommt (Munderfing 2018), S. 408.

derungsimpuls endlich einem Gefühl innerer Zufriedenheit als Basis von persönlichem Wohlbefinden und Gesundheit Raum geben."[8] Und es lohnt sich, diesem Ziel zu folgen – im Rahmen der Stressbewältigung und weit darüber hinaus.

4.4 Secondhand-Stress

Weniger dramatisch, aber ebenfalls folgenreich und unter Hochsensiblen weit verbreitet ist das Phänomen des passiven Stresses, auch „Secondhand-Stress" genannt. Hierbei handelt es sich um den Stress eines anderen – meist des Partners oder eines Familienangehörigen –, der wahrgenommen und in der Folge wie eigener Stress erlebt wird. Passiver Stress kann auch Nicht-Hochsensible treffen, doch es liegt auf der Hand, dass hochsensible Menschen mit ihren feinen Antennen und ihrer hohen Empathiefähigkeit besonders anfällig dafür sind.

Passiver Stress ist kaum weniger schädlich als eigener Stress, löst er doch ganz ähnliche körperliche und mentale Reaktionen aus. Verschärfend kommt hinzu, dass Betroffene sich hierbei besonders hilflos fühlen, denn bei sich selbst hat man es immerhin in der Hand, Maßnahmen zur Stressbewältigung zu ergreifen – beim anderen in der Regel nicht. Strategien, den Stress des anderen dennoch auszugleichen oder aufzufangen, beispielsweise indem man ihm oder ihr Aufgaben abnimmt,

---

[8] Jutta Böttcher (Hrsg.), Fach.Buch Hochsensibilität. Worauf es in der Begleitung Hochsensibler ankommt (Munderfing 2018), S. 230.

können auf Dauer kräftezehrend sein und selbst zu einer Quelle von Stress werden.

4.5 Disposition für chronischen Stress

Wir Hochsensiblen scheinen eine Veranlagung für chronischen Stress zu haben: Wir fühlen uns nicht nur schneller gestresst, sondern es dauert auch länger, bis wir uns nach einer Stressreaktion wieder beruhigen; unser System schaltet gewissermaßen langsamer vom Alarmzustand zurück in den Normalzustand. Hierzu schreibt die hochsensible Psychologin Sylvia Harke: „In vielen klinischen Studien wird der Cortisolspiegel als Gradmesser für chronischen Stress gemessen. Bei Hochsensiblen wurde festgestellt, dass dieses Hormon dauerhaft erhöht ist und nur sehr langsam sinkt, selbst wenn HSPs gerade eine Erholungspause eingelegt haben. An der Harvard-Universität stellte der Psychologe Jerome Kagan fest, dass bereits hochsensible Säuglinge erhöhte Herzfrequenzen hatten und ihre Pupillen sich unter Stress früher weiteten. Urin- und Speichelproben zeigten hohe Konzentrationen von Noradrenalin und Cortisol auf.“ [9]

Die Schlussfolgerung aus solchen Erkenntnissen kann nur heißen: Hochsensible sollten unbedingt darauf achten, sich nach Stresssituationen genügend Zeit zu geben, um sich beruhigen und entspannen zu können! Zudem sollte nicht nur auf

---

9 Sylvia Harke, Hochsensibel ist mehr als zartbesaitet. Die 100 häufigsten Fragen und Antworten (Petersberg 2019), S. 167.

ausreichend lange, sondern auch auf ausreichend häufige Pausen und Ruhephasen geachtet werden.

Wichtig: Sich hierbei mit weniger reizsensiblen Menschen zu vergleichen – und dabei gezwungenermaßen schlecht abzuschneiden, da diese sich in der Regel schneller und leichter erholen können –, ist nicht zielführend und setzt hochsensible Menschen bloß unter Druck. Maßgebend darf nicht sein, was andere brauchen, um ihren Stress zu bewältigen, sondern was der oder die Hochsensible selbst dafür braucht! Und dieses Bedürfnis richtet sich nicht nach irgendeiner Norm, sondern ausschließlich nach den eigenen Reaktionen und Empfindungen.

Im Hinterkopf behalten sollten wir allerdings auch, dass wir nicht unter chronischem Stress leiden müssen, nur, weil wir hochsensibel sind. „Hochsensibilität", betont die HSP-Expertin Susan Marletta Hart, „ist nicht dasselbe wie chronischen Stress erleben. Das eine ist eine Charaktereigenschaft, das andere ein Kennzeichen einer aus dem Gleichgewicht geratenen Person." [10]

Und ich möchte ergänzen: Niemand von uns, ob hochsensibel oder nicht, ist dazu verdammt, auf Dauer eine solche aus dem Gleichgewicht geratene Person zu sein! Wir sind keine Opfer, und bei aller Disposition für kurzfristigen und chronischen Stress können es auch wir Hochsensiblen lernen, Überreizung und Überforderung erfolgreich auszugleichen und ein gesundes, glückliches Leben zu führen.

---

[10] Susan Marletta Hart, Hochsensibilität und Stress. Gelassen – jeden Tag (Bielefeld 2018), S. 78.

5. Strategien zur Stressbewältigung

Um den vielfältigen Stressquellen etwas entgegenzusetzen, können wir auf diverse Ansätze, Methoden und Übungen zur Stressbewältigung zurückgreifen.

Dabei empfiehlt es sich, Stress nicht nach Schema F zu bewältigen. Anstatt jeder stressigen Situation auf die gleiche Weise zu begegnen, zum Beispiel immer mit Sport oder Meditation, sollten Sie zunächst einmal genauer hinsehen: Was ist es eigentlich, das Sie hier und jetzt stresst? Können Sie es verändern? Falls ja, was hindert Sie noch daran, diese Veränderung in Angriff zu nehmen? Und falls nein, was könnten Sie stattdessen tun, um Ihren Stress zu reduzieren oder sich besser von ihm zu erholen?

Manchmal ist es dann tatsächlich der Sport oder die Meditation, die Ihnen guttun. Manchmal aber würde Ihnen das Arbeiten an Ihren Glaubenssätzen, ein ruhiger Abend mit Reflexion und Analyse oder eine Stunde Malen vielleicht besser und dauerhafter helfen! Stress ist nicht gleich Stress, und wo es im einen Fall geboten sein kann, das ihm zugrunde liegende Problem zu lösen, kann es in anderen Fällen sinnvoller sein, die eigene Haltung oder Reaktion zu verändern. Zuweilen ist Stress auch unvermeidlich; dann sind Strategien am sinnvollsten, die es Ihnen erlauben, sich einfach nur zu beruhigen und gut zu regenerieren.

In der psychologischen Fachliteratur werden all diese Strategien unterschiedlich kategorisiert: So unterscheiden Richard

S. Lazarus und Susan Folkman beispielsweise in ihrem (schon älteren) Standardwerk zwischen problemfokussierter und emotionsfokussierter Stressbewältigung[11]; in der jüngeren Literatur nimmt Gert Kaluza eine Einteilung in instrumentelle, mentale und regenerative Stresskompetenz vor.[12] Schlussendlich geht es im Stressmanagement aber immer um die Fragen: Kann ich die Stress auslösende Situation verändern oder nicht? Und welche Konsequenzen sollte ich bei einem „Ja" ziehen, welche bei einem „Nein"?

Hierauf möchte ich im Folgenden etwas genauer eingehen.

5.1 Stress verhindern oder reduzieren

„Kann ich die Stress auslösende Situation verändern?"

Lautet die Antwort auf diese Frage „Ja", so können wir versuchen, die Situation so an unsere Bedürfnisse anzupassen, dass unser Stress reduziert wird oder sogar ganz verschwindet. Das Ziel besteht also darin, das Problem, das dem Stress zugrunde liegt, abzuschwächen oder zu lösen. Die Stressbewältigung ist somit problemfokussiert und der Ansatzpunkt ist der Stressor.

Unser Beispiel der geruchsempfindlichen Maria kann dies wieder verdeutlichen: Wenn Maria die Möglichkeit hat, aus

---

[11] vgl. Richard S. Lazarus und Susan Folkman, Stress, Appraisal, and Coping (New York 1984).

[12] vgl. Gert Kaluza, Stressbewältigung. Trainingsmanual zur psychologischen Gesundheitsförderung (Berlin 2018), sowie ders., Gelassen und sicher im Stress. Das Stresskompetenz-Buch: Stress erkennen, verstehen, bewältigen (Berlin 2018).

der U-Bahn auszusteigen und den Rest des Weges zu laufen, ohne dass ihr dadurch gravierende Nachteile entstehen, dann braucht sie ihren Stress in der U-Bahn nicht auszuhalten; sie sollte einfach aussteigen und zu Fuß gehen. Langfristig könnte sie sich auch dafür entscheiden, mit dem Rad zur Arbeit zu fahren; alternativ könnte sie sich mit einer Mund-Nasen-Maske gegen allzu starke Gerüche schützen, falls ihr dies ausreicht.

In jedem Fall hätte Maria ihr Problem hier gelöst, indem sie direkt an der Situation angesetzt und diese verändert hätte. Maria hätte ihren Stress also bewältigt, weil sie den Stressor ausgeschaltet (Verlassen der stinkenden U-Bahn, Entscheidung fürs Radfahren) oder genügend abgeschwächt hätte (Filtern der Gerüche durch eine Mund-Nasen-Maske).

Eine problemfokussierte Herangehensweise macht immer dann Sinn, wenn eine mögliche Änderung der Situation tatsächlich in unseren Händen liegt. Dies ist sowohl im privaten wie auch im beruflichen Bereich überraschend oft der Fall, doch häufig sehen wir den Wald vor lauter Bäumen nicht! Manchmal reicht schon ein besseres Zeitmanagement aus, um den schlimmsten Druck aus dem Alltag zu nehmen; bisweilen kann auch eine temporäre professionelle Begleitung nötig sein, um die eigenen Problemlöseprozesse erfolgreicher durchlaufen und für ähnliche Situationen einüben zu können.

Die Fähigkeit, Belastungen und Probleme effektiv anzugehen und aufzulösen, ist in jeder und jedem von uns grundsätzlich angelegt. Warum aber fühlen wir uns trotzdem oft ohnmächtig und hilflos angesichts des überwältigenden Stresses, der uns das Leben so schwer macht?

Ich denke, gerade wir Hochsensiblen unterschätzen uns da schlichtweg selbst! Hochsensible sind genau wie Nicht-Hochsensible absolut dazu in der Lage, dem eigenen Stresserleben etwas entgegenzusetzen – wir trauen es uns bloß nicht zu. Mitunter glauben wir vielleicht auch, wir seien Mimosen und verdienten es gar nicht, dass wir uns gut um uns selbst kümmern; stattdessen müssten wir versuchen, belastbarer zu sein.

Aber das ist ein überaus schädlicher Unsinn! Bitte denken Sie immer daran: Niemand hat etwas davon, wenn Sie sich für sich selbst schämen, Ihre Grenzen ständig überschreiten, vermeidbaren Stress aus falschem Stolz aushalten und die Zähne fest zusammenbeißen ... nur, um irgendwann unter der Last der eigenen Ansprüche zusammenzubrechen.

Sie sind nun einmal, wie Sie sind. Sie fühlen, was Sie fühlen. Sie sind gestresst, wenn Sie gestresst sind. Und Sie sollten sich, Ihre Grenzen und Ihre Bedürfnisse nicht verleugnen! Genau wie alle anderen Menschen haben Sie das Recht, aus der Stressspirale herauszukommen, fürsorglich mit sich umzugehen und sich liebevoll um Ihr persönliches Wohlergehen zu kümmern.

Fordern Sie dieses Recht bitte ein – auch von sich selbst!

5.2 Die eigene Haltung oder Bewertung verändern

Wenn wir die Situation, die uns unter Druck setzt und stresst, allerdings nicht verändern können – und in jedem Leben ist dies leider manchmal der Fall –, wäre es vergebene Liebesmüh, uns auf den Problemlöseprozess zu konzentrieren. Hier sind andere Bewältigungsstrategien gefragt.

Wir können zum Beispiel versuchen, unsere Einstellung zur Situation zu verändern. Hier setzen wir also nicht am Stressor an, sondern an unseren persönlichen Stressverstärkern, an unseren Bewertungen und stressverschärfenden Einstellungen. Das Ziel ist demnach nicht mehr die Veränderung der Situation (weil sich diese eben nicht verändern lässt), sondern eine andere Haltung ihr gegenüber, sodass sie weniger starken Stress in uns auslöst.

Wenn also Maria in unserem Beispiel aus bestimmten Gründen dazu gezwungen ist, mit der U-Bahn zu fahren, und dies nicht ändern kann, dann kann sie versuchen, die Geruchsbelästigung als weniger dramatisch einzustufen: „Ja, es stinkt jetzt für ein paar Minuten und das ist mir unangenehm. Aber ist das wirklich so schlimm? Gefährlich ist das schließlich nicht, und U-Bahn-Fahren ist besser als Laufen! Draußen schüttet es wie verrückt, ich würde klatschnass werden. Außerdem: Ich bin gesund und auf dem Weg zu einem erfüllenden Job, das ist es doch, was zählt! Und ich habe mich noch nie in meinem ganzen

Leben vor anderen Menschen übergeben, die Wahrscheinlichkeit geht also gegen Null, dass mir das in der U-Bahn jemals passieren wird."

Maria versucht mit diesen Gedanken Folgendes:

- *Sie bemüht sich, die Situation zu akzeptieren, da eine Veränderung nun einmal nicht in ihrer Hand liegt.*
- *Sie entkatastrophisiert die Situation, nimmt die Dramatik heraus.*
- *Sie konzentriert sich auf die positiven Aspekte der Situation und ihres Lebens statt auf den Geruch, übt Dankbarkeit und richtet ihren Blick auf das Wesentliche.*
- *Sie beginnt, an der irrationalen Angst zu arbeiten, die ihren Stress verschärft.*

Ganz so einfach wie in diesem Beispiel ist es in den meisten Fällen natürlich nicht. Unsere stressverschärfenden Einstellungen, Haltungen und Glaubenssätze sind meist tief in uns verankert, weshalb es mehr braucht als ein bisschen Selbstberuhigung, um mit ihnen fertigzuwerden.

Dennoch können wir versuchen, das Beste aus der jeweiligen Stresssituation zu machen! Wir können die Gefahr als Herausforderung sehen, wir können an unseren Glaubenssätzen arbeiten, das Vertrauen in uns selbst stärken oder Gelassenheit üben. Hierbei kann es sicherlich nicht das Ziel sein, 100 Prozent Stressfreiheit zu erreichen. Aber wenn wir es schaffen, uns auf

Dauer nur noch milde von dieser speziellen Situation belastet zu fühlen, ist das auf jeden Fall eine lohnenswerte Verbesserung – gegebenenfalls auch mit professioneller Unterstützung.

5.3 Beruhigung, Entspannung, Regeneration

Wenn wir Stress nicht vermeiden können, haben wir nicht nur die Möglichkeit, ihm anders zu begegnen, also die eigene Haltung und Bewertung zu verändern. Wir können auch lernen, ihn besser auszugleichen: durch Beruhigung, Entspannung und Regeneration. So können wir erreichen, dass

- *Geist und Körper während der druckerzeugenden Situation mit weniger Stress reagieren, die Stressspirale also unterbrochen wird,*
- *Geist und Körper sich nach der Stressreaktion besser regenerieren,*
- *Phasen der Anspannung bewusst durch Phasen der Entspannung ausgeglichen werden,*
- *echte Erholung aktiv gefördert und dadurch öfter erlebbar und wirksamer wird.*

Maria aus unserem Beispiel könnte also in der U-Bahn versuchen, sich mit einer unauffälligen Entspannungsübung zu beruhigen. Sie könnte eine Atemübung machen oder, falls sie darin bereits geübt ist, sogar eine kurze Meditation. Wenn sie die Fahrt dann hinter sich gebracht hat, könnte sie den Rest des Weges flotter gehen als sonst, um es ihrem Körper zu erlauben, Unruhe und aufgestaute Energie wieder loszuwerden. Im Büro angekommen, könnte Maria sich einen Fünf-Minuten-Plausch mit ihrer netten Kollegin gönnen oder eine in Ruhe getrunkene Tasse Kaffee. All das würde ihr helfen, den Stress, den die starken Gerüche in der U-Bahn erzeugt haben, nicht allzu groß werden zu lassen bzw. rasch wieder abzubauen.

Diese Strategie der Stressbewältigung ist primär auf die Stressreaktion gerichtet, die unterbrochen, abgemildert, heruntergefahren oder ausgeglichen wird. Die Methoden und Übungen, mit denen das erreicht werden soll, sind vielfältig: Sie reichen von Sport, Bewegung, entspannenden Naturerlebnissen und angenehmen Freizeitaktivitäten über Achtsamkeitsübungen, Freundschaftspflege und kreatives Schreiben bis hin zu Affirmationen, Meditationen und Schlafhygiene.

Für die Selbsthilfe ist diese Art des Stressmanagements besonders geeignet.

6. Erläuterungen zum Praxisteil des Buches

Der Praxisteil dieses Buches schöpft aus allen Bereichen der Stressbewältigung. Sie finden hier Übungen, die Ihnen helfen werden, den Stress in Ihrem Leben grundsätzlich zu reduzieren, und solche, mit denen Sie sich entspannen und regenerieren können. Und auch Ihre persönlichen Verhaltensmuster und Einstellungen dürfen Sie mithilfe der einen oder anderen Übung gern hinterfragen! Wählen Sie bitte ganz nach Bedarf aus, was Sie anspricht und Ihnen hilfreich erscheint – hier und jetzt, in Ihrer ganz persönlichen Situation.

Das kann heute etwas anderes sein als morgen, in der Beziehung zu Ihren Freund*innen etwas anderes als bei den Problemen mit Ihren Eltern. Deshalb versuchen Sie bitte, offen zu sein für die verschiedensten Übungen. Üben Sie „bunt"! Probieren Sie sich einfach aus, wählen Sie heute dieses, morgen jenes … Und wenn Sie denken, Meditation, Tanzen oder Schreiben seien ganz bestimmt nichts für Sie: Bitte versuchen Sie's trotzdem! Denn es ist erstaunlich, was in unserem Inneren in Bewegung kommen kann, wenn wir es Herz und Geist erst einmal erlaubt haben, sich zu öffnen.

Noch ein kleiner Tipp: An Tagen, an denen Sie besonders niedergeschlagen, genervt, müde oder unmotiviert sind und sich eigentlich bloß vor den Fernseher hauen möchten, machen Sie es sich bitte so leicht wie möglich! Wählen Sie dann also besser nicht die lange Sitzmeditation, und zwingen Sie sich, wenn Ihr Gehirn nach acht Stunden Kundengesprächen wie leer gefegt scheint, auch nicht unbedingt zu anspruchsvollen Schreibübungen. Stattdessen wählen Sie aus der Fülle an Übungen, die Sie im Praxisteil finden, bitte genau das aus, was in Ihnen das spontane Gefühl erzeugt: Das täte mir jetzt gut! Und wenn es am Ende nur fünf Minuten waren, die Sie sich selbst gewidmet haben, Sie dies aber mit einem spürbaren Aufatmen getan haben … dann haben Sie alles richtig gemacht.

Bevor Sie loslegen, möchte ich Ihnen die verschiedenen Formen der praktischen Stressbewältigung, die Sie hier finden werden, noch kurz vorstellen. Einige der meditativen Übungen habe ich Ihnen übrigens – zusätzlich zur schriftlichen Anleitung – auch als Audio eingesprochen. So können Sie sich ganz entspannt von meiner Stimme führen lassen! Sie finden diese Audios als exklusives Extra für Buchkund*innen im Login-Bereich meiner Autoren-Website: ***https://www.julie-leuze.com/login-bereich/***
Passwort: ***Entspannung-pur!***

Und noch ein Hinweis: In sämtlichen Meditationen sowie einigen weiteren Übungen werde ich Sie, anders als im Rest des Buches, mit „du" ansprechen, da das förmlichere „Sie" hier von den meisten Menschen als zu distanziert wahrgenommen und somit einer vertrauensvollen Entspannung entgegenstehen würde.

6.1 Meditationen und Visualisierungen

Eine Stunde lang still auf dem Boden sitzen, während die Füße einschlafen, der Rücken schmerzt und der unruhige Geist Amok läuft … – auch heute noch verstehen manche Menschen das unter Meditation. Höchste Zeit, mit diesem Vorurteil aufzuräumen! Denn meditieren ist keineswegs nur etwas für Asketen, Mönche oder die Diszipliniertesten unter uns, sondern tut uns allen gut. Die positiven Effekte von regelmäßiger Meditation konnten mittlerweile sogar wissenschaftlich nachgewiesen werden: Immunsystem, Cholesterinspiegel und Blutdruck profitieren vom Meditieren, und auch die psychische Gesundheit wird stabiler. Die Konzentrationsfähigkeit erhöht sich, die Schlafqualität wird verbessert. Und das Beste daran: Wir müssen nicht jahrelang warten, um solche positiven Effekte zu spüren! Wenn wir gestresst sind, fühlen wir uns oft schon nach wenigen Minuten auf dem Kissen besser – geerdeter, ruhiger, mehr in unserer Mitte. So mancher Ärger verpufft ganz einfach, wenn wir mithilfe des Meditierens wieder das große Ganze sehen können.

Natürlich, das muss ehrlich gesagt werden, ist das nicht jedes Mal der Fall. An manchen Tagen, wenn Sie extrem gestresst sind, wird Sie vielleicht sogar das Meditieren nerven. Aber wesentlich öfter, das verspreche ich Ihnen, wird es Ihnen wirklich guttun! Denn Meditationen können eine wunderbare Hilfe dabei sein, das Gedankenkarussell zum Stehen zu bringen und die Stressspirale zu unterbrechen.

Meditation ist jedoch nicht gleich Meditation. Es gibt passive und aktive Arten der Meditation, westliche und fernöstliche, uralte Formen und neu entwickelte, stille und sehr laute – und so muss das, was Ihr Yogalehrer Ihnen zeigt, durchaus nicht das Gleiche sein wie das, was Ihre Therapeutin, Ihr Kollege oder die Pfarrerin unter Meditation verstehen.

Zu den passiven Arten gehören zum Beispiel die Zen-Meditation, die christliche Kontemplation oder eine Meditation, bei der man sich auf den Atem oder ein Mantra konzentriert. Aktive Meditation hingegen umfasst so unterschiedliche Formen wie die langsame und achtsame Gehmeditation, den spirituellen Sufi-Tanz oder die körperlich recht herausfordernde dynamische Meditation, bei der sogar geschrien, geweint oder gelacht werden darf. Aber auch Yoga, die Energiearbeit Qigong oder die Kampfkunst Tai-Chi können meditativ geübt und verstanden werden.

Da es in diesem Buch in erster Linie um die Meditation als Mittel der Stressbewältigung geht, möchte ich den Meditationsbegriff hier aus pragmatischen Gründen besonders weit fassen. So soll im Folgenden die stille Naturbetrachtung ebenso als Meditation verstanden werden wie bewusstes Atmen, Fantasiereisen oder Visualisierungen, denn all diese Formen können Ihnen Erholung, Ruhe, Inspiration oder Kraft verleihen. Eine wichtige Rolle spielen hierbei übrigens Symbole: So vermag beispielsweise das Licht, das für Reinheit, Liebe und das Göttliche steht, heilsame Prozesse in uns zu unterstützen, weshalb ich es in meinen Meditationen gerne verwende.

Noch einige praktische Hinweise, bevor Sie sich das erste Mal aufs Meditationskissen setzen:

- *Achten Sie bitte darauf, dass Sie sich wohlfühlen. Meditation muss nicht wehtun! Im Gegenteil, Sie sollten so sitzen, dass Sie nicht ständig von unangenehmen Körperempfindungen abgelenkt werden. Am besten setzen Sie sich leicht erhöht auf ein Kissen oder ein Meditationsbänkchen, sodass es Ihnen leichtfällt, den Rücken gerade zu halten, ohne zu ver-*

spannen. Bei Bedarf können Sie sich auch anlehnen. Sie können sogar liegen, wenn Ihnen das lieber ist; falls Sie dann allerdings – was aufgrund des Entspannungseffekts gar nicht so selten vorkommt – während der Meditation einschlafen, sollten Sie sich beim nächsten Mal doch lieber fürs Sitzen entscheiden.

- *Sorgen Sie dafür, dass Sie während des Meditierens ungestört sind: Schalten Sie das Handy auf stumm, hängen Sie ein „Bitte nicht stören"-Schild an die Zimmertür und schließen Sie die Fenster, wenn draußen das Leben tobt. Gerade hochsensible Menschen, die Reize aufsaugen wie ein Schwamm, sind anfangs darauf angewiesen, diese Reize während des Meditierens möglichst auszusperren. Später ist das nicht mehr so wichtig, denn mit zunehmender Meditationserfahrung wird es immer einfacher, sich trotz Außengeräuschen oder anderen kleinen Störungen in sich selbst zu versenken.*
- *In der Regel ist es günstig, während des Meditierens die Augen zu schließen. Sollte Ihnen das schwerfallen, können Sie auch in eine Kerzenflamme blicken.*
- *Lesen Sie sich die jeweilige Meditation einige Male durch, um sie zu verinnerlichen, bevor Sie sich auf Ihr Kissen setzen und die Augen schließen. Alternativ lassen Sie sich die Meditation von einer vertrauten Person langsam vorlesen. Noch leichter wird es, wenn Sie anfangs eine der Meditationen wählen, die ich für Sie eingesprochen habe: Spielen Sie dann einfach das Audio ab und lauschen Sie meiner Stimme.*

So hat Ihr Geist „etwas zu tun" und ist weniger versucht, sich mit anderem zu beschäftigen.

- *Wenn Ihre Gedanken dennoch abschweifen und Sie sich statt auf die Atmung auf die anstehende Steuererklärung konzentrieren: Keine Sorge, das ist normal! Ärgern Sie sich nicht über sich selbst, sondern haben Sie bitte Geduld mit sich. Sobald Sie merken, dass Ihre Gedanken abgeschweift sind, lenken Sie sie einfach ganz sanft zurück in die Meditation.*
- *Oft wird empfohlen, sich einen festen Zeitpunkt fürs Meditieren auszusuchen und dann konsequent dabeizubleiben – zum Beispiel stets frühmorgens zu meditieren, wenn der Kopf noch nicht so voll ist. Meine persönliche Erfahrung ist, dass dieser Rat theoretisch zwar prima ist, praktisch aber nach spätestens zwei Wochen nicht mehr umgesetzt wird. Denn am einen Morgen erwacht man mit Kopfschmerzen, am anderen verschläft man, hat schlecht geträumt oder wird von seinem Kind geweckt, das heute unbedingt schon um fünf Uhr seinen Kakao trinken möchte ... Und wenn es mit der Morgenmeditation dann nicht geklappt hat, meditiert man an diesem Tag gar nicht mehr! Deshalb mein Rat an Sie: Schreiben Sie sich „Meditieren" auf Ihre To-do-Liste, sodass Sie irgendwann im Laufe des Tages meditieren werden – und dann tun Sie es genau zu dem Zeitpunkt, an dem es Ihnen passt und guttut! Das kann heute in der Mittagspause sein, morgen vor einem aufregenden Termin und übermorgen zum Abschalten am Abend. Seien Sie flexibel und*

hören Sie auf sich selbst, denn nur Sie wissen, wann es für Sie richtig ist zu meditieren. Entscheidend ist nicht der immer gleiche Zeitpunkt, sondern dass Sie überhaupt meditieren, und das am besten mit einer gewissen Regelmäßigkeit.

- *Und schließlich: Meditieren Sie lieber kurz als überhaupt nicht! Schon fünf bis zehn Minuten meditativer Stille können wohltuend und heilsam wirken.*

6.2 Achtsamkeit und Selbstmitgefühl

Meditation ist auch Teil der sogenannten Achtsamkeitspraxis. Fast jeder von uns hat schon von Achtsamkeit gehört, allerdings wissen wir meist nicht so genau, was darunter verstanden wird: ein bisschen bewusster essen, trinken, zuhören, betrachten, fühlen? In der Kaffeepause versuchen, zur Abwechslung einmal ganz gegenwärtig zu sein, statt mit den Gedanken grübelnd beim letzten Meeting zu verweilen oder in den arbeitsreichen Nachmittag vorauszueilen?

Sicher, so etwas gehört dazu. Und doch beschreibt es Achtsamkeit nicht zur Gänze, denn Achtsamkeit ist eher eine Haltung denn eine Technik. So erklärt Jon Kabat-Zinn, Professor Emeritus für Medizin an der University of Massachusetts Medical School und Schöpfer der berühmten „Mindfulness-Based Stress Reduction" (MBSR): „Achtsamkeit will fortwährend praktiziert sein. Sie ist eine Lebensform und nicht bloß eine gute Idee, intelligente Methode oder vorübergehende Mode. In der Tat fußt die Praxis der Achtsamkeit auf einer jahrtausendealten Tradition, die gern das ‚Herz der buddhistischen Meditation' genannt wird, obwohl der Grundgedanke von Aufmerksamkeit und Achtsamkeit etwas Universales ist."[13]

Der MBSR-Verband Schweiz definiert Achtsamkeit in diesem Sinne „als klares und nichtwertendes Gewahrsein dessen [...], was in jedem Augenblick geschieht. Sie ermöglicht uns, Körperempfindungen, Gedanken, Gefühle und alle anderen Wahrnehmungen, ob angenehm, unangenehm oder neutral, zu erfahren und so zu akzeptieren, wie sie sind – das Leben also tatsächlich zu erleben, wie es sich von Augenblick zu Augenblick entfaltet."[14]

Was aber hat die so verstandene Achtsamkeit mit Stressbewältigung zu tun? Sehr viel! Denn dass Achtsamkeit auch und gerade bei Stress und den damit verbundenen Störungen äußerst heilsame Wirkungen zeigt, ist mittlerweile unbestritten, weshalb Jon Kabat-Zinns Programm weltweit Eingang in medizinische Einrichtungen gefunden hat. Und besonders für Hochsensible ist Achtsamkeit eine Lebensform, die ihren Bedürfnissen in jeder Hinsicht entgegenkommt: Sie unterstützt uns nämlich nicht nur dabei, Probleme und Hindernisse als bewältigbare Herausforderungen zu betrachten sowie Resili-

---

13 Jon Kabat-Zinn, in: Mark Williams und Danny Penman, Das Achtsamkeitstraining. 20 Minuten täglich, die Ihr Leben verändern (München 2015), S. 8.

14 *https://www.mindfulness.swiss/achtsamkeit/achtsamkeit/* (abgerufen am 05.05.2021).

enz zu entwickeln, also psychische Widerstandskraft bzw. die Fähigkeit, schwierige Zeiten oder Erlebnisse unbeschadet zu überstehen; Achtsamkeit hilft uns auch dabei, den Stress nach schwierigen Situationen schneller wieder loszulassen, Körper und Geist also rasch aus dem Alarmzustand herauszuholen – und genau das ist für hochsensible Menschen, die ja generell länger im Stresszustand verbleiben, der perfekte Ausgleich zu ihrer Veranlagung!

Deshalb glaube ich, nicht zu übertreiben, wenn ich eine achtsame Lebensführung als den Game-Changer für Hochsensible ansehe. Achtsamkeit, so Kabat-Zinn, bietet uns nämlich die wunderbare „Chance, die Zügel in diesem ‚Erdendasein' wieder selbst in die Hand zu nehmen und das Leben von Augenblick zu Augenblick in vollen Zügen zu genießen."[15] Ergreifen wir diese Chance!

Wir müssen übrigens nicht dem Buddhismus nahestehen, um dies zu tun: Das Besondere an Kabat-Zinns Ansatz ist ja gerade die Verbindung von im Buddhismus wurzelnder Meditation mit moderner Wissenschaft, von alter Weisheit mit neuem Wissen; und dieser Ansatz erlaubt es allen Menschen, sich der Achtsamkeitspraxis zu widmen, gänzlich unabhängig von der eigenen spirituellen Ausrichtung.

Zum weiteren Bereich der Achtsamkeit gehört auch das sogenannte Achtsame Selbstmitgefühl („Mindful Self-Compassi-

---

[15] Jon Kabat-Zinn, in: Mark Williams und Danny Penman, Das Achtsamkeitstraining. 20 Minuten täglich, die Ihr Leben verändern (München 2015), S. 10.

on", MSC), entwickelt von der Psychologie-Professorin Kristin Neff und dem klinischen Psychologen Christopher Germer. Für Neff und Germer umfasst Selbstmitgefühl in diesem Zusammenhang drei Elemente:

- *Freundlichkeit mit sich selbst als emotionale Antwort auf das eigene Leiden*
- *die Erkenntnis, dass die eigene Unvollkommenheit und das eigene Leiden ein Teil der gemeinsamen Menschlichkeit sind*
- *Achtsamkeit als Bereitschaft, sich schmerzvollen Emotionen zuzuwenden und bei ihnen zu verweilen.*[16]

Erwiesenermaßen nehmen pathologische Stressreaktionen, Ängste und Depressionen ab, wenn achtsames Selbstmitgefühl praktiziert wird. Das seelische Wohlbefinden und eine gesunde Lebensweise werden aktiv gefördert, und sogar die Qualität von Beziehungen kann sich verbessern![17] Achtsames Selbstmitgefühl ist jedoch für die meisten von uns ungewohnt. Wir schauen häufig sehr kritisch auf uns selbst, besonders in Zeiten, in denen alles schiefläuft und wir uns nicht besonders mögen.

Aber gerade für solche schwierigen Zeiten ist eine Haltung, die nicht verurteilend und hart, sondern mitfühlend auf die ei-

---

16 vgl. Kristin Neff, Selbstmitgefühl Schritt für Schritt. Buch & 4 CDs (Freiburg 2014), S. 12 ff.

17 vgl. *https://www.aerzteblatt.de/archiv/174949/Achtsames-Selbstmitgefuehl-Moege-ich-freundlich-zu-mir-sein* (abgerufen am 05.05.2021).

genen Schmerzen, Gefühle und Probleme blickt, eine unschätzbare Hilfe! Auch unseren Liebsten stehen wir ja nicht nur dann bei, wenn alles gut ist und sie unsere Rückenstärkung eigentlich gar nicht bräuchten, sondern vor allem, wenn sie uns brauchen, weil eben nicht alles rund läuft. Genau so sollten wir auch mit uns selbst umgehen: wie ein Mensch, der uns bedingungslos liebt und akzeptiert.

Diese annehmende und förderliche Haltung ist es, die das achtsame Selbstmitgefühl uns lehren möchte – und die es so lebensverändernd und heilsam macht!

Achtsamkeit und Achtsames Selbstmitgefühl sind große Themen, die den Rahmen dieser Einführung bei Weitem sprengen. Ich möchte Ihnen im Praxisteil jedoch einige Übungen vorstellen, mit denen Sie zumindest damit anfangen können, achtsamer, bewusster, gegenwärtiger und liebevoller zu sich selbst zu sein.[18] Den Besuch eines mehrwöchigen Trainings – üblicherweise umfassen die Kurse zu MBSR und MSC jeweils acht Wochen – kann dies aber natürlich nicht ersetzen. Sollten Sie also beim Hineinschnuppern merken, dass Ihnen die Übungen guttun, finden Sie im Anhang vertiefende Literatur und weiterführende Web-Adressen zu MBSR und MSC.

---

18 Hinweis: Die Übungen in diesem Buch habe ich selbst formuliert, es handelt sich also nicht um den genauen Wortlaut von Übungen aus den MBSR- und MSC-Programmen.

6.3 Affirmationen

Zu einigen Themen finden Sie im Praxisteil Affirmationen. Darunter versteht man positiv formulierte Glaubenssätze, die Sie einem bestimmten Ziel näherbringen sollen. Diese Glaubenssätze sollten regelmäßig und über einen längeren Zeitraum – meist wird ein Richtwert von 21 Tagen empfohlen – wiederholt werden. Es ist wichtig, den Affirmationen genügend Zeit zu geben und nicht bereits nach zwei-, dreimaliger Wiederholung eine durchschlagende Wirkung zu erwarten! Affirmationen entfalten ihre heilsame Wirkung eher langfristig.

Dennoch können sie in manchen Situationen auch starke kurzfristige Effekte haben, besonders wenn die positiven Glaubenssätze nicht allzu weit von der eigenen Wirklichkeit entfernt sind. Wer zum Beispiel grundsätzlich ein gutes Selbstwertgefühl, gerade aber einen seelischen Durchhänger hat, wird die Affirmation „Ich bin gut so, wie ich bin" sicher mögen und davon profitieren. Wer hingegen mit dem Thema Selbstliebe zu kämpfen hat, wird viele Wiederholungen brauchen, bis das Unterbewusstsein die positive Botschaft angenommen hat.

Und Achtung: Wer sich selbst überhaupt nicht leiden kann, bei der bzw. dem könnte sich die Wirkung dieser Affirmation sogar umkehren! Ist man nämlich tief in seinem Inneren davon überzeugt, dass die Affirmation völlig falsch ist („Ich bin nicht gut so, wie ich bin, ich bin völlig ungenügend.") ruft die positive Aussage sofort inneren Widerstand hervor („So ein Quatsch, was du dir da erzählst! Du weißt genau, dass das nicht stimmt.

Hör endlich auf, dich selbst zu belügen!"). In der Folge fühlt man sich dann nicht besser, sondern noch schlechter als zuvor.

Sollten Sie also lieber einen Bogen um sämtliche Affirmationen machen? Keineswegs! Sie sollten bloß vor der Anwendung in sich hineinspüren, ob diese spezielle Affirmation in Ihnen eine starke Ablehnung hervorruft. Ist dies nicht der Fall, probieren Sie sie gerne aus; und fühlen Sie sich nach der Anwendung besser, dann bleiben Sie bitte dran und freuen Sie sich auf die positiven Effekte! Denn diese werden sich früher oder später einstellen.

Spüren Sie jedoch Widerstand in sich und haben das Gefühl, diese bestimmte Affirmation steht Ihrer Wirklichkeit diametral entgegen, dann wählen Sie lieber eine andere Formulierung oder lassen die Affirmation vorerst einfach weg.

Für die Affirmationen in diesem Buch bedeutet das: Lesen Sie sich bitte alle Sätze vor der Anwendung durch, und achten Sie auf Ihre spontane Reaktion darauf. Sollten Sie bemerken, dass Ihnen einzelne Formulierungen überhaupt nicht gefallen, so fühlen Sie sich bitte frei, diese zu verändern oder zu streichen. Meine Affirmationen sind ein Vorschlag für Sie, eine Anregung, eine Inspiration, aber Sie selbst kennen sich am besten! Gestalten Sie die Sätze deshalb gerne so um, dass sie auf Sie persönlich passen. Benutzen Sie dabei aber unbedingt positive Formulierungen, keine Verneinungen, und formulieren Sie die Aussagen in der Gegenwartsform. Sagen Sie also beispielsweise nicht: „Ich werde nicht mehr so schrecklich ängstlich sein", sondern: „Ich bin mutig" oder auch: „Ich kann gut mit meiner Angst umgehen."

Sagen Sie sich die Affirmationen mit ruhiger, fester Stimme vor, und achten Sie dabei auf eine Körperhaltung, die den Geist der Aussagen bestmöglich unterstützt. Nehmen Sie also einen sicheren Stand ein, lassen Sie Ihre Schultern nach hinten unten sinken, sodass der Nacken lang wird, heben Sie ein wenig das Kinn an und schenken Sie sich ein leichtes Lächeln.

Auf diese Weise – und mit etwas Geduld – können Ihre persönlichen Affirmationen zu einem wirkungsvollen und hilfreichen Werkzeug werden, das Sie in den verschiedensten Situationen zu unterstützen vermag.

6.4 Reflexionen und Schreibübungen

Erfolgreiche Stressbewältigung beginnt im eigenen Kopf! Deshalb finden Sie im Praxisteil dieses Buches mehrere Reflexionsübungen, mit denen Sie sich zwar nicht unmittelbar entspannen können, die Ihnen aber langfristig gute Dienste leisten werden. Denn eine Stressbewältigung, die auf Dauer funktionieren soll, darf den Fokus nicht auf die Regeneration allein legen, darf nicht bloß Schadensbegrenzung betreiben, sondern muss die Umstände auch aktiv (mit-)gestalten!

Um Ihnen diese Aufgabe etwas angenehmer zu machen, habe ich einige der entsprechenden Übungen in die Form des kreativen Schreibens gegossen. Zum einen, weil ich als Autorin natürlich ein Faible für Kreativität habe, zum anderen, weil ich aus eigener Erfahrung weiß, dass eine spielerische Herangehensweise mitunter deutlich effektiver sein kann als nüchternes Analysieren. Wenn Sie im Praxisteil also Anregungen wie beispielsweise das Schreiben eines Briefes finden, dann wird Ihnen diese Aufgabe hoffentlich nicht nur Spaß machen, sondern Sie auf Ihrem Weg zu einem Leben mit weniger Stress auch ein gutes Stück voranbringen – können wir mit kreativen Übungen wie diesen doch unser Unbewusstes, unser tieferes Wissen, unsere schlummernden Ahnungen relativ mühelos anzapfen. So erarbeiten wir uns Lösungen, ohne dass es sich wie Arbeit anfühlt! Denn ein Problemlöseprozess darf auch Spaß machen.

Die Bedingung hierfür ist allerdings, dass Sie Ihren Perfektionismus außen vor lassen. Kultivieren Sie bei Ihren kreativen Texten nicht Fehlerfreiheit, sondern Intuition, Offenheit, Freude und Leichtigkeit! Setzen Sie sich beim Schreiben nicht unter Druck. Denken Sie stets daran, dass es bei diesen Übungen weder um Rechtschreibung oder Grammatik noch darum geht, „gute" Texte zu produzieren, sondern einzig und allein darum, dass Sie sich selbst mit all Ihren Wünschen, Schwierigkeiten und Möglichkeiten besser kennenlernen.

6.5 Körperübungen und Bewegung

Bewegung und Sport als Mittel, Stress zu bewältigen, kommen in diesem Buch nur am Rande vor. Ich halte ein Buch nämlich schlichtweg nicht für das richtige Medium, wenn es darum gehen soll, Menschen in Bewegung zu bringen! Hierfür sind Sie bei einer Sportlehrerin, einem Coach, im Fitness- oder Yogastudio oder auch in einer privaten Sportgruppe besser aufgehoben. Nichtsdestotrotz ist es immer eine gute Idee, sich zu bewegen, wenn man Stress abbauen möchte. Keine Sorge, Sie müssen nicht gleich zur Sportskanone werden, aber den ganzen Tag lang sitzen sollten Sie eben auch nicht! Ich gestehe: Ich selbst bin ein ausgesprochener Sportmuffel. Doch wenn meine tägliche Runde durch den Park einmal ausfällt, erhalte ich die Quittung umgehend: Spätestens am Abend bin ich unruhiger, unausgeglichener und sogar müder als sonst, und ich habe das deutliche Gefühl, dass mir irgendetwas fehlt. Dieses Irgendetwas ist die Bewegung – selbst bei einem Sportmuffel wie mir.

Deshalb habe ich nach einigem Zögern doch ein paar wenige Körperübungen in den Praxisteil mit aufgenommen, und ich möchte Sie einladen, einfach einmal auszuprobieren, ob die Übungen Ihnen guttun. Sport im eigentlichen Sinne treiben Sie mit diesen Übungen nicht; eher möchte ich Sie dazu anleiten, Ihren Körper besser wahrzunehmen, und damit auch die Wechselwirkungen zwischen Körper, Geist und Seele.

Grundsätzlich möchte ich Sie dazu ermutigen, auch bei Sport und Bewegung Ihre Hochsensibilität nicht zu verleugnen. Wenn Ihre Freundin in eine Latin-Dance-Gruppe geht, Sie selbst die laute Musik dort aber als seelisch anstrengend empfinden, dann wäre es für Sie absolut kontraproduktiv, Ihre Freundin dorthin zu begleiten. Vermutlich wären Sie nach der Sportstunde gestresster als zuvor! Nach einer einsamen Joggingrunde im Wald, mit frischer Luft in der Nase und Vogelgezwitscher im Ohr, könnte Ihr Stress hingegen wie weggepustet sein. Vergleichen Sie sich also bitte auch in sportlicher Hinsicht niemals mit anderen, weniger reizempfindlichen Menschen. Schauen Sie stattdessen darauf, was Sie persönlich brauchen, was Ihrem Körper und Geist guttut! Denn nur darum geht es, wenn Sie mit dem Ziel der Stressbewältigung die Sportschuhe schnüren oder die Matte ausrollen.

PRAXIS

—

Stressbewältigung für Hochsensible

Bedeutung der Symbole

Meditation

Schreibübung

Körperübung

Reflexion

Achtsamkeitsübung

Visualisierung

Praktische Übung

Affirmationen

Auch als Audio verfügbar:
https://www.julie-leuze.com/login-bereich/

1. Für den Morgen

Wie wir am Morgen starten, kann die Qualität des ganzen Tages bestimmen. Es ist deshalb nicht unerheblich, ob wir mürrisch aufstehen oder freudig, ob wir den Tag mit schlechten Nachrichten aus der Zeitung beginnen oder mit einer positiven, kraftspendenden Morgenroutine. Ich lege Ihnen deshalb sehr ans Herz, jeden Morgen zu Ihrem Morgen zu machen!

Wenn es Ihnen schwerfällt, nach dem Aufstehen in die Gänge zu kommen, könnten Sie zum Beispiel eine einfache Körperübung anwenden: Sie nennt sich „Bäumchen, schüttle dich“ und hat den Vorteil, dass sie sehr belebend wirkt, aber weder viel Zeit noch viel Platz braucht. Sie müssen also für diese Übung nicht extra früher aufstehen, sondern können Sie zum Beispiel vor dem Zähneputzen im Bad durchführen. Einfacher geht es nicht, oder?

Vielleicht ist es Ihnen aber auch lieber, mit einer kleinen Morgenmeditation zu starten? Dafür müssen Sie sich noch nicht einmal aus dem Bett bewegen. Es genügt, wenn Sie sich mit geradem Rücken auf Ihr Kissen setzen. So beginnen Sie den Tag ganz entspannt in der kuscheligen Sicherheit Ihres Schlafzimmers!

Als Alternative oder Ergänzung zur Morgenmeditation biete ich Ihnen zudem eine Reihe von Affirmationen an. Sie können sich die Affirmationen im Bad vor dem Spiegel sagen, während Sie sich liebevoll in die Augen blicken. Sollte Ihnen das noch schwerfallen, können Sie sie zunächst auch einfach ablesen. Und natürlich dürfen Sie die Affirmationen jederzeit so abändern, dass sie für Sie persönlich passen.

Körperübung: *Bäumchen, schüttle dich*

Nehmen Sie einen festen Stand ein. Die Füße stehen etwa hüftbreit auseinander. Stellen Sie sich nun vor, dass Sie ein schöner, biegsamer Baum sind. Von Ihren Fußsohlen gehen starke Wurzeln in die Erde hinab – und diese Wurzeln halten Sie zu jeder Zeit sicher mit der Erde verbunden! Ihre Arme sind die Äste des Baumes, heben Sie sie also schräg nach oben in die Luft. Ihre Finger stellen die Blätter dar.

Nun beginnen Sie, das ganze Bäumchen, das Ihr Körper darstellt, zu rütteln und zu schütteln, ganz so, als stünde es in einem mächtigen Sturm.

Wenn der Sturm beginnt, bläst er zunächst durch die Blätter: Wackeln Sie kräftig mit den Fingern.

Dann schüttelt der Sturm die Äste durch: Bewegen Sie Ihre Arme hin und her, kreisen Sie sie in der Luft.

Schließlich wird der Sturm noch stärker und rüttelt auch am Stamm des Bäumchens: Bewegen Sie also Ihren ganzen Körper, schütteln Sie die Arme aus, wackeln Sie mit dem Kopf, lockern Sie Muskeln und Faszien, während Ihre Füße – die Wurzeln des Baumes – Sie jedoch stets sicher im Boden verankern.

Führen Sie die Übung so lange fort, wie Sie es wünschen, und machen Sie all die Bewegungen, die Ihnen intuitiv guttun. Achten Sie dabei bitte unbedingt darauf, dass Ihr Bäumchen nur so heftig durchgeschüttelt wird, wie es das auch verträgt! Wenn Sie zum Beispiel an Nackenverspannungen leiden, sollten Sie nur sehr sanft mit dem Kopf wackeln.

Kommen Sie dann wieder zur Ruhe. Senken Sie die Arme, und konzentrieren Sie sich noch einmal auf Ihren festen Stand. Genießen Sie das Gefühl, das der Sturm Ihnen verliehen hat:

> *Alles Steife, Verhärtete hat der Sturm fortgeblasen.*
> *All Ihre Muskeln hat er gelockert.*
> *Ihr Geist ist wunderbar erfrischt.*
> *Und Ihr Körper ist erfüllt von genau der Energie, die Sie für den heutigen Tag brauchen!*

Danken Sie sich selbst dafür, dass Sie sich die Zeit für diese Übung genommen haben, schenken Sie sich ein Lächeln und starten Sie kraftvoll in Ihren Tag.

Meditation:
Krafttanken am Morgen

Guten Morgen. Wie geht es dir heute? *Spüre gleich einmal in dich hinein:* Wie fühlst du dich?

Wie fühlt sich dein Körper an? Bist du noch schwer vom Schlaf, ist dein Körper wohlig entspannt, oder spürst du vielleicht irgendwo eine Verhärtung, eine Verspannung? Nimm einfach nur wahr, ganz neutral. Beurteile nichts. Hier und jetzt, in diesem Augenblick, darf alles so sein, wie es ist.

Wie ist deine Stimmung? Freust du dich schon auf den Tag, bist du erholt und tatendurstig? Oder brauchst du noch ein bisschen, um dich von der Nacht zu lösen? Nimm auch dies ohne Urteil wahr, beobachte es einfach. Wie es auch ist, es ist in Ordnung.

Und nun atmest du drei Minuten lang bewusst ein und aus, auf eine Weise, die dich wirksam, aber zugleich ganz sanft für den neuen Tag energetisiert:

Du atmest durch die Nase ein – zuerst drei Sekunden lang in deinen Bauch, dann drei Sekunden lang in deinen Brustkorb – und dann atmest du sechs Sekunden lang durch den Mund aus.

Diese Art zu atmen, führt dich in dein inneres Kraftzentrum, wo du alle Fähigkeiten findest, die du für den heutigen Tag brauchst.

Atme drei Minuten lang so weiter.

Drei Sekunden einatmen in den Bauch ... drei Sekunden einatmen in die Brust ... sechs Sekunden ausatmen durch den Mund.

Kehre dann zu deinem normalen Atemrhythmus zurück. Spüre, wie diese energetisierende Art zu atmen dich verändert hat: wie gut und kraftvoll du dich jetzt fühlst! Du bist nun bereit für alles, was heute kommen mag.

Nimm noch einen tiefen Atemzug – atme ein und kraftvoll aus – öffne deine Augen und schenke dir selbst ein liebevolles Lächeln. Willkommen in deinem Tag!

Schreibübung:
Unterstützen statt sabotieren

Führen Sie diese Schreibübung über einen längeren Zeitraum hinweg regelmäßig, idealerweise jeden Morgen, durch. Am besten legen Sie sich ein Schreibheft oder Notizbuch zu und deponieren es direkt neben dem Bett oder an Ihrem Frühstücksplatz.

Schreiben Sie auf die erste Seite des Heftes oder Büchleins folgende Fragen:

- *Was wird heute gut verlaufen?*
- *Was werde ich gut meistern?*
- *Welche positiven Auswirkungen werden sich daraus ergeben?*
- *Welche angenehmen Gefühle werde ich haben?*

Beantworten Sie diese Fragen schriftlich, jeden Morgen von Neuem, und nehmen Sie sich dabei so viel Zeit wie möglich. Malen Sie sich alles lebhaft aus. Beziehen Sie Ihre Hochsensibilität dabei mit ein: Vielleicht werden Sie heute endlich zu einem Ihrer Bedürfnisse stehen, die Sie bisher verleugnet haben? Stellen Sie sich vor, wie großartig sich das anfühlen wird, und kleiden Sie dieses Gefühl in begeisterte Worte.

Lassen Sie auf diese Weise die Schwierigkeiten des Tages zu anspornenden Herausforderungen werden. Verwandeln Sie Ihre Sorgen in Vertrauen, Ihre Ängste in Hoffnung und Mut!

Wichtig: Mit dieser Übung sollen Sie nicht die rosarote Brille aufsetzen oder sich in Fantasiewelten verlieren. Es geht hier weder um Selbstbetrug noch um ein stur positives Denken. Sondern darum, dass Sie den Fokus nicht auf die möglichen Misserfolge des Tages, sondern auf Ihre Chancen richten – damit Sie sich für diese Chancen, Erfolge und Glückserlebnisse öffnen können, anstatt sich bereits im Vorfeld einseitig auf Scheitern und Gefahr einzustellen. Um bei unserem Bild zu bleiben: Sie sollen die rosarote Brille nicht aufsetzen, aber die schwarze Brille ablegen! Konzentrieren Sie Ihre Aufmerksamkeit auf das, was Sie sich wünschen, nicht auf das, was Sie fürchten.
Anfangs wird Ihnen das möglicherweise nicht leichtfallen. Sie werden zweifeln, nicht an Ihre eigenen Antworten glauben und im Alltag vielleicht zunächst gar keine Wirkung sehen. Keine Sorge, das ist normal, schließlich sind Sie in stressverminderndem Denken ja noch nicht geübt! Bitte haben Sie Geduld, mit

der Übung und mit sich selbst: Der Erfolg wird sich einstellen!

Denn mit der Zeit wird es für Ihr Gehirn immer selbstverständlicher, diesen neuen, förderlichen und stressvermindernden Denkmustern zu folgen, statt überall nur Misserfolg und Überforderung zu wittern. Irgendwann werden Ihre Glaubenssätze sich verändert haben und Sie werden sich ganz automatisch mit Ihrer Denkweise unterstützen, statt sich unbewusst immer wieder selbst zu sabotieren. Dafür aber müssen Sie dranbleiben und dürfen die Übung nicht vorschnell verwerfen.

Sie können nichts verlieren – aber sehr viel gewinnen!

Affirmationen *für einen wunderbaren Tag*

Atme zu Beginn tief ein ... und lang und vollständig aus. Sage dann liebevoll zu dir selbst:

Ich bin dankbar für diesen Morgen.
Ich bin dankbar für den neuen Tag.
Ich bin glücklich, dass ich diesen Tag erleben darf.
Ich fühle mich leicht.
Ich fühle mich wohl.
Ich fühle mich wach.
Ich bin klar, frisch und konzentriert.
Ich bin achtsam.

Ich achte gut auf mich selbst.
Ich bin wertvoll und liebenswert.
Ich achte auf meine Bedürfnisse.
Ich gebe mir stets, was ich brauche.
Ich bin dankbar für meine wunderschöne Seele.
Ich verwirkliche den Auftrag meiner Seele voller Freude.
Ich achte, schätze und pflege meinen Körper.
Ich bin dankbar für alles, was ich habe.
Ich besitze alle Gaben, die ich für diesen Tag brauche.
Ich besitze alle Kraft, die ich für diesen Tag brauche.
Ich besitze alle Selbstliebe, die ich für diesen Tag brauche.
Ich wünsche mir von Herzen einen wunderbaren Tag!

2. Kraft schöpfen zwischendurch

Lange Tage im Büro oder mit kleinen Kindern können jeden erschöpfen, Hochsensible jedoch ganz besonders. Übersehen wir die Signale, die uns zeigen, dass wir eine Pause brauchen, kriegen wir das spätestens abends zu spüren: Wir sind zu kaputt, um unseren Feierabend zu genießen, ja, manchmal sind wir sogar zu erschöpft, um einschlafen zu können.

Und obwohl ich Ihnen in Kapitel 5 des Praxisteils auch dafür etwas anbieten kann, möchte ich Sie herzlich dazu ermutigen, schon am Tage etwas dafür zu tun, dass Sie abends nicht völlig erledigt sind. Letztlich ist das nämlich gar nicht so schwer: Oft sind es gar nicht die Arbeit und Aufgaben an sich, die zu Erschöpfung und Überforderung führen, sondern das Fehlen von regelmäßigen Pausen.

Diese Pausen müssen gar nicht besonders lang sein. Aber Sie müssen gemacht werden! Je nach Ihren Möglichkeiten kann das der kurze Mittagsschlaf sein, die kleine Meditation, der achtsam getrunkene Kaffee oder die stille Fünf-Minuten-Pause, die Sie mit geschlossenen Augen auf einer Bank in der Sonne verbringen. Und natürlich können Sie auch eine der Übungen aus diesem Kapitel durchführen! Welche passt zu Ihnen, zu Ihrer Situation, zu diesem Tag am besten? Wählen Sie aus:

Die kurze Tiefenentspannung des Körpers können Sie sitzend oder stehend durchführen, mit offenen oder geschlossenen Augen. Sie benötigen nur wenig Zeit dafür, sodass Sie sie ganz flexibel anwenden können. Eine echte Immer-und-überall-Übung!

Die Körperübung *„Tanzen und Nachspüren"* eignet sich naturgemäß weniger fürs Büro. Doch wenn Sie kleine Kinder haben oder im Homeoffice arbeiten, ist sie eine wunderbare Möglichkeit, auf fröhliche und leichtherzige Art für einige Minuten aus allem Stress auszusteigen.

Fürs Büro geeigneter ist die Achtsamkeitsübung *„Genuss intensiv"*. Hierfür brauchen Sie lediglich die Möglichkeit, einige Minuten lang ungestört zu sein, sowie eine kleine Leckerei. Klingt gut, oder?

Vielleicht möchten Sie aber auch gern etwas analytischer vorgehen? Dann lade ich Sie herzlich zur Schreibübung *„Energieräu-*

ber, Kraftspender, Lösungsmöglichkeiten" ein. Sie sollten sich zwanzig bis dreißig Minuten Zeit dafür gönnen – fürs Schreiben selbst und für einen kleinen, individuellen Kraftspender.

Und schließlich sind da noch die Momente, in denen alles über einem zusammenbricht und man das Gefühl hat, vor lauter Stress kein Land mehr zu sehen ... Für genau diese Situationen ist die Meditation *„Gedankenkinder"* gedacht, die Ihnen rasch und effektiv Ruhe schenken wird! Sie werden staunen, welch großen Unterschied solche kurzen, meditativen Pausen machen können – probieren Sie es doch gleich einmal aus!

Kurze Tiefenentspannung des Körpers

Du atmest ein und aus, und mit jedem Atemzug lässt du deinen Ausatem länger werden.

Ein ... und länger aus.
Ein ... und länger aus.

Und mit jedem Ausatmen fällt etwas von dir ab:

Die Anspannung fällt ab, du atmest sie einfach aus.
Und die Härte fällt von dir ab, und du atmest sie aus.
Und der Stress fällt von dir ab, und du atmest ihn aus.

Und während du so atmest, spürst du, wie deine Muskeln sich lockern, wie sie angenehm warm und schwer werden.

Deine Schultern werden schwer und sinken sanft hinab.

Auch deine Arme und Beine werden wohlig schwer.

Deine Hände werden wunderbar warm.

Auch deine Füße werden warm.

Die Spannung in deiner Bauchdecke löst sich. Du atmest in deinen Bauch hinein – du schickst ihm Wärme und Ruhe – und dein Bauch wird ganz warm und weich.

Die Spannung in deinem Rücken löst sich, und auch deinem Rücken schickst du Wärme und Ruhe. Und wenn du Schmerzen hast, zum Beispiel im unteren Rücken, atmest du gezielt in diesen Bereich hinein ... und dein Rücken wird ganz warm und entspannt.

Du atmest ruhig und gleichmäßig.

Und du spürst, wie sich auch dein Gesicht entspannt. Die Stirn glättet sich ... die Kiefer lösen sich voneinander, sodass du das Gefühl hast, dass sich Ober- und Unterkiefer nicht mehr berühren ... und deine Mundwinkel gehen ganz leicht nach oben – in ein dankbares und liebevolles Lächeln.

Du lässt dich in diese schönen Gefühle fallen – in die Dankbarkeit, in das Gefühl von Fürsorge und Selbstliebe – und alles andere darfst du für diesen Moment vergessen.

Du bist hier, du atmest und du lächelst. Sonst gibt es nichts zu tun.

Bleibe so, bis du das Gefühl hast, dass es in Ordnung für dich ist, zurückzukehren.

Nimm dann einen tiefen Atemzug und balle kurz die Fäuste. Atme wieder aus, entspanne dabei ruckartig die Hände ... und sei wieder ganz da.

Körperübung:
Tanzen und nachspüren

Wann haben Sie das letzte Mal fröhlich, wild und unbeschwert getanzt? Tun Sie es jetzt – und lassen Sie dabei allen Stress von sich abfallen! Wählen Sie einen Song, der Ihnen so richtig ins Blut geht, und drehen Sie ihn so laut auf, wie es ohne Ärger mit den Nachbarn möglich ist.

Und dann tanzen Sie!

Aber nicht so sanft und beherrscht, wie Sie es vielleicht in der Öffentlichkeit tun würden. Sondern so, wie Ihr inneres Kind tanzen möchte! Genießen Sie das Gefühl, Ihren Körper in alle Richtungen zu bewegen, werfen Sie Ihre Hemmungen über Bord, lachen Sie und seien Sie albern, schütteln Sie Ihren Oberkörper, hüpfen Sie herum und werfen Sie die Arme in die Luft – tanzen Sie mit der reinen, unverfälschten Freude am Sein.

Sie sollten spüren, wie Ihr Herz schneller schlägt, wie Ihnen warm wird, wie Sie auf wunderbare Weise außer Puste kommen. Und wenn der Song zu Ende ist, hören Sie auf zu tanzen und bleiben ganz still stehen.

Schließen Sie die Augen.

Fühlen Sie, wie Ihre Füße mit der Erde verbunden sind.
Fühlen Sie Ihren schnellen Atem.
Fühlen Sie das Blut heiß durch Ihren Körper kreisen.

Seien Sie offen für die Gefühle, die nun in Ihnen aufsteigen. Möglicherweise kommen diese Gefühle mit einer Macht, die Sie überrascht. Das ist völlig in Ordnung! Lassen Sie alles zu – Lachen, Tränen, tiefe Müdigkeit, heitere Gelassenheit oder etwas ganz anderes –, und spüren Sie Ihren Gefühlen nach, ohne über sie zu urteilen.

Bleiben Sie still und mit geschlossenen Augen stehen, bis Ihr Körper und Ihre Seele sich wieder beruhigt haben. Öffnen Sie dann die Augen.

Achtsamkeitsübung:
Genuss intensiv

Greifen Sie für diese Übung bitte zu einem Nahrungsmittel, das Sie sehr gern mögen, aber normalerweise eher nebenher konsumieren. Das kann ein heißer Kaffee sein, ein Stück Schokolade, eine reife, süße Erdbeere, eine duftende Tasse Tee ... – was immer Ihre Vorliebe ist. Setzen Sie sich mit dieser Leckerei an einen Ort, an dem Sie für mindestens fünf Minuten ungestört sein können.

Ich werde Ihnen die Übung anhand einer Kirsche erklären, doch sie lässt sich auf jedes andere Lebensmittel übertragen.

Konzentrieren Sie sich nun bitte auf die Kirsche in Ihrer Hand. Normalerweise wäre sie schon längst in Ihrem Mund verschwunden, doch heute betrachten Sie sie einmal ganz genau: Wie sieht sie aus? Welche Farbe hat sie – dunkelrot, hellrot? Ist sie gesprenkelt? Glänzt sie? Sie müssen diese Betrachtung nicht schnell hinter sich bringen, im Gegenteil: *Sie haben Zeit!*

Führen Sie die Kirsche dann an Ihre Nase und schnuppern Sie daran. Genießen Sie den Duft, lassen Sie sich ganz bewusst darauf ein. Kommen Erinnerungen in Ihnen hoch, Kindheitserinnerungen vielleicht? Taucht das Bild eines warmen Sommertages in Ihnen auf? Was fühlen Sie, wenn Sie den Duft der Kirsche wahrnehmen? Lassen Sie sich auch hier wieder genügend Zeit.

Nehmen Sie die Kirsche jetzt in den Mund, aber zerbeißen Sie sie noch nicht. Fühlen Sie zuerst, wie sie sich an Ihrer Zunge anfühlt. Brechen Sie dieses Betasten mit der Zunge nicht zu schnell ab, nehmen Sie sich mindestens eine halbe Minute lang Zeit dafür!

Beißen Sie dann in die Kirsche hinein und achten Sie bewusst darauf, was in Ihrem Mund geschieht: Welcher Geschmack wird freigesetzt? Zieht sich durch die leichte Säure etwas in Ihrem Mund zusammen oder schmecken Sie nur sonnenwarme Süße? Wie fühlt es sich an, mit den Zähnen den Kirschkern zu berühren?

Schließlich schlucken Sie die Kirsche hinunter (den Kern natürlich nicht) und nehmen auch diesen Vorgang ganz bewusst wahr. Wie fühlt es sich an, die Frucht, die sonst so unbemerkt in Ihrem Magen verschwindet, mit voller Aufmerksamkeit zu schlucken? Welche Empfindung bleibt in Ihrem Mund zurück? Hallt die Säure oder Süße noch eine Zeit lang nach? Bekommen Sie Lust auf eine weitere Kirsche?

Und dann beglückwünschen Sie sich! Machen Sie sich klar, dass Sie gerade voll und ganz im Augenblick waren, nicht mehr in der stressigen Vergangenheit, noch nicht in der anstrengenden Zukunft, sondern in diesem Moment, bei dieser Kirsche, bei dieser Erfahrung. Sie sind aus dem Hamsterrad ausgestiegen und waren im Jetzt! Wie fühlen Sie sich?

Wenn möglich, schreiben Sie kurz auf, was Sie erlebt haben und welche Gedanken und Gefühle dies in Ihnen ausgelöst hat. Sollte Ihre Mini-Pause jedoch schon vorüber sein, lassen Sie die Erfahrung einfach so stehen.

Wiederholen Sie sie in den nächsten Tagen öfter, und beobachten Sie, welche innere Entwicklung das auslöst. Was verändert sich, welche Einsichten haben Sie? Aber auch: Welche Kämpfe fechten Sie vielleicht aus, während Sie sich um Konzentration und Fokus bemühen, wie viel Unruhe verspüren Sie?

Sehen Sie diese Übung bitte als zweierlei an: zum einen als kurzen Ausstieg aus dem Hamsterrad, als bewusste Pause, die Sie zwischen Ihren Verpflichtungen einige Minuten lang aufatmen lässt. Zum anderen aber auch als Impuls, Ihrer Konzentrationsfähigkeit mehr Aufmerksamkeit zu schenken, sie zu schulen (zum Beispiel durch Meditation) und im Alltag anzuwenden:

indem Sie versuchen, bei genau der Sache zu sein, die Sie gerade erledigen – weder bei der vorherigen noch bei der nächsten.

Sie essen diese eine Kirsche, jetzt, in diesem Moment.

Das ist die Grundlage der Achtsamkeit.

Schreibübung:
Energieräuber, Kraftspender, Lösungsmöglichkeiten

Wenn Sie sich den Tag hindurch öfter angespannt oder erschöpft fühlen, fragen Sie sich doch einmal genauer, woran das eigentlich liegt. Stress ist nicht einfach da – er hat Gründe. Und oft trägt er die Möglichkeit zu seiner Vermeidung bereits in sich! Wir können die Lösung nur nicht sehen, weil wir blind und geradezu kopflos damit beschäftigt sind, das Hamsterrad am Laufen zu halten ...

Nehmen Sie also bitte in Ihrer nächsten Pause ein Blatt Papier und einen Stift zur Hand und ziehen Sie drei Spalten.

In die linke Spalte schreiben Sie nun alle Energieräuber, von denen Sie sich im Moment ermüdet oder gestresst fühlen.

Wichtig: Bei dieser Übung geht es nicht um größere Problemstellungen, sondern nur um die spezielle Situation, in der Sie sich in diesem Augenblick befinden. Versuchen Sie also bitte nicht, mit dieser Übung Ihr gesamtes Leben aufzuräumen – dafür ist eine kleine Pause zwischendurch nicht der richtige Zeitpunkt –, sondern konzentrieren Sie sich wirklich auf das Hier und Jetzt bzw. Ihren Alltagsstress. Sie könnten zum Beispiel schreiben: „Der Baulärm vor dem Fenster stresst mich", oder: „Es ist schon vierzehn Uhr und ich hatte seit dem Frühstück um sechs noch keine einzige Pause", oder: „Meine Kollegin hat mir schon wieder die unbeliebteste Aufgabe zugeschoben, das nervt mich total."

Beschränken Sie sich dabei auf etwa drei Minuten.

Schreiben Sie danach in die mittlere Spalte alle Kraftspender, die Ihnen hier und jetzt zur Verfügung stehen könnten. Also zum Beispiel: „Eine kurze Meditation machen", „Mich recken und strecken und dann ein paar Schritte gehen", „Mir eine Kaffeepause gönnen – fünf Minuten lang nur ich und meine Tasse Kaffee!"

Auch hier beschränken Sie sich beim Schreiben bitte auf drei Minuten. **Hintergrund**: Sie werden sehen, dass Ihre Ideen mehr aus dem Bauch heraus kommen, wenn Sie nicht allzu viel Zeit dafür zur Verfügung haben. Kopflastiges und Perfektionismus sind bei drei Minuten schlichtweg nicht drin!

Lesen Sie sich die Liste dann durch und entscheiden Sie sich für eine der Optionen aus der Spalte „Kraftspender". Führen Sie sie unverzüglich durch.

Herzlichen Glückwunsch! Sie haben etwas für sich getan, haben einen ersten Schritt aus der erschöpfenden Situation heraus gemacht. Nun sind Sie bereits ein kleines bisschen entspannter und können sich mit klarerem Blick der dritten Spalte widmen:

Lesen Sie sich zunächst noch einmal die erste Spalte durch und schreiben Sie dann zu jedem der konkreten Stressauslöser eine ebenso konkrete Lösungsmöglichkeit in die dritte Spalte.

Das kommt Ihnen zu einfach vor? Oder Sie denken, da fällt Ihnen bestimmt nichts ein? Probieren Sie es aus! Nur allzu oft lassen wir uns nämlich von Umständen stressen, die wir eigentlich ganz leicht ändern könnten – doch wir verharren in der Situation wie das Kaninchen vor der Schlange! Das kann so weit gehen, dass wir von unseren eigenen körperlichen Bedürfnissen gestresst sind, weil wir Signalen von Hunger, Durst oder dem Bedürfnis, auf die Toilette zu gehen, keine Beachtung schenken: „Nur noch schnell dieses und jenes fertigmachen, dann kann ich mir immer noch ein Glas Wasser holen ..."

Aber wie leicht lässt sich das ändern! Es muss uns nur bewusst werden, dass wir die Lösung für unser Stressproblem selbst in der Hand haben, und genau dafür sorgt diese Übung.

Füllen Sie jetzt also bitte beherzt die dritte Spalte:

- *Wenn der Baulärm Sie so sehr stört, könnten Sie zum Beispiel entschieden aufhören, sich darüber zu ärgern (weil das sowieso sinnlos ist) und stattdessen mit entspannender Musik über Kopfhörer gegensteuern.*
- *Wenn Sie noch keine Pause hatten, können Sie das nicht nur*

sofort nachholen, sondern sich zudem vornehmen, nach Feierabend einen kleinen Zeitmanagement-Plan für Ihre zukünftigen Arbeitstage aufzustellen, bei dem Sie die Pausen explizit berücksichtigen.

- *Wenn Sie von einem bestimmten Verhalten Ihrer Kollegin genervt und gestresst sind, können Sie sofort oder zu einem Zeitpunkt, den Sie jetzt festlegen (was Ihnen augenblicklich ein erstes Gefühl der Entlastung schenkt), mit der Kollegin freundlich über das entsprechende Verhalten sprechen.*

Lassen Sie sich für diese dritte Spalte bitte etwas mehr Zeit bzw. so viel, wie Sie eben gerade erübrigen können. Wenn Sie jedoch merken, dass Ihnen keine Lösungen mehr einfallen oder die Aufgabe selbst anfängt, Sie zu stressen, dann beenden Sie sie und machen später damit weiter. Wichtig ist nur, dass Sie sich immer erst ein wenig entspannen und nicht direkt aus dem Stress heraus nach Lösungsmöglichkeiten suchen.

Sie werden sehen: Die Lösung für ein Stress auslösendes Problem liegt oft nicht weiter entfernt als ein paar ruhige Atemzüge!

Meditation:
Gedankenkinder

Wenn du das Gefühl hast, jeder um dich herum verlangt etwas von dir und du weißt vor lauter Pflichten und Anforderungen gar nicht mehr, womit du anfangen sollst, dann unterbrich bitte sofort, was du gerade tust.

Bleib einfach stehen oder sitzen, wo du eben bist, und schließe die Augen.

Wende dich deinen Gedanken zu. Stürmen sie auf dich ein? Rasen sie im Kreis herum? Überschlagen sie sich förmlich vor Aufregung und Stress? Du kannst die Gedanken betrachten wie kleine Kinder auf einem Kindergeburtstag: Sie sind völlig außer Rand und Band.

Doch du trittst bloß still zurück und betrachtest sie.

Wähle nun eines deiner Gedankenkinder aus, nimm es an der Hand und ziehe es aus dem wilden Treiben heraus. Streiche ihm sanft über den Kopf, um es zu beruhigen. Lächele es an.

Und sieh zu, wie es aufatmend zur Ruhe kommt, sich auf dem Boden zusammenrollt und einschläft.

Nun nimmst du das nächste Gedankenkind an der Hand. Auch dieses Kind ziehst du zu dir, streichst ihm über den Kopf ... und es kommt zur Ruhe und schläft bei dir ein.

Auf diese Weise nimmst du jedes deiner Gedankenkinder an

der Hand und bringst es zur Ruhe. Ein Kind ... und noch ein Kind ... und noch ein Kind. Eines nach dem anderen schläft bei dir ein.

Immer kleiner wird die Gruppe der aufgeregten Kinder. Immer mehr Kinder liegen ruhig zusammengerollt auf dem Boden und schlafen und träumen.

Bis du nur noch den tiefen Atem der schlafenden Kinder hörst. Sonst ist alles still: Die Kinder sind still, du bist still.

Und in dieser Stille kommt alles in dir zur Ruhe.
Genieße die Stille, die Ruhe, den Frieden.

Und wenn du soweit bist, nimmst du einen tiefen Atemzug – du atmest tief ein – und kräftig aus – und ruhig und erfrischt öffnest du deine Augen.

3. Bei Überreizung der Sinne

Ein Hauptmerkmal hochsensibler Menschen ist ihre Reizempfindlichkeit. Und vor allem, wenn man in der Stadt lebt, kann einem diese Reizempfindlichkeit ganz schön zu schaffen machen! Wäre es da nicht wunderbar, all dem Lärm, den grellen Lichtern und der Hektik für eine Weile zu entfliehen, um die überreizten Sinne an einem stillen Platz in der Natur zu beruhigen – allein und ungestört, mit nichts um sich herum als Vogelgezwitscher oder sanftes Meeresrauschen?

Mit der Schreibübung *„Mein Ruheplatz in der Natur"* möchte ich Ihnen genau das anbieten: eine kleine, gedankliche Auszeit, die Sie an Ihren ganz persönlichen Ruheplatz in der Natur führt! Sie werden sehen, diese Übung ist eine wahre Wohltat für die Sinne.

Sehr wirksam ist auch die Meditation *„Mondlicht atmen"*. Sie können sie über den Tag verteilt immer mal wieder einschieben, je nach Bedarf. So lässt sich das – symbolisch gesprochen – heiß gelaufene System Ihres Körpers auf sanfte Weise abkühlen und Ihre überreizten Sinne bekommen die Möglichkeit, sich zu beruhigen.

Eine besondere Herausforderung stellt für viele Hochsensible das Benutzen öffentlicher Verkehrsmittel dar. Nicht nur wird die Individualdistanz hier gezwungenermaßen unterschritten, vor allem in Stoßzeiten, auch die Sinne werden von den Gerüchen, Geräuschen und dem Licht in U-Bahn, S-Bahn oder Bus auf unangenehme Weise überflutet. Für diese wiederkehrende Situation habe ich Ihnen eine spezielle Meditation formuliert, die Ihnen hoffentlich ein wenig Erleichterung verschaffen wird.

Danach stelle ich Ihnen eine Achtsamkeitsübung vor, bei der Sie sich mit der Ruhe und dem lebendigen Frieden einer Pflanzenseele verbinden dürfen. Nirgends lässt sich Überreizung so wirksam mildern wie in der Natur, und diese Übung geht noch einen Schritt weiter: Sie schenkt Ihnen die heilsame Erfahrung, sich voll und ganz auf ein pflanzliches Wesen zu konzentrieren, ihm achtsam zu begegnen und es liebevoll zu erspüren. Dies ist das Gegenteil von Reizüberflutung – und eine der schönsten

Weisen, sich von Lärm, Hektik und sozialen Herausforderungen zu erholen!

Schließlich erwartet Sie noch eine Übung, die etwas anspruchsvoller, dafür aber auch sehr aufschlussreich ist: die Reflexion *„Reize bewusst wahrnehmen und umbewerten"*. Sie sollten diese Übung allerdings nicht durchführen, wenn Sie akut gestresst sind. Sehen Sie sie stattdessen bitte als hilfreiches Werkzeug an, mit dem Sie dem Zustand der Überreizung langfristig entgegenwirken können.

Schreibübung:
Mein Ruheplatz in der Natur

Stellen Sie sich bitte vor, Sie seien auf dem Weg zu Ihrem ganz persönlichen Ruheplatz in der Natur. Wohin zieht es Sie? Wohin möchten Sie sich träumen? Welche Umgebung verleiht Ihnen spontan das Gefühl, aufatmen zu können? Wo können Sie sich entspannen und zur Ruhe kommen?

Sobald die ersten inneren Bilder auftauchen, nehmen Sie einen Stift zur Hand und beginnen, diese Bilder zu beschreiben. Setzen Sie den Stift nicht mehr ab, sondern schreiben Sie einfach weiter und weiter und weiter … denn Sie sind nun an Ihrem Ruheort angekommen und nehmen ihn mit allen Sinnen wahr! Schreiben Sie intuitiv, folgen Sie vertrauensvoll Ihrer Fantasie!

Falls Ihnen das beim ersten Mal noch schwerfällt, können Sie sich beim Schreiben auch gerne an den folgenden Fragen orientieren:

- *Wie sieht es an Ihrem persönlichen Ruheplatz aus? Was erblicken Sie, wenn Sie sich umschauen? Seien Sie hierbei konkret, achten Sie auf die Details: Am Strand sehen Sie zum Beispiel nicht nur Sand und Wasser, sondern auch die kleinen, cremefarbenen Muscheln, die halb aus dem feuchten Sand hervorlugen, die weißen Schaumkronen auf den heranrollenden Wellen, die Lichtreflexionen auf dem Wasser etc.*
- *Was können Sie an Ihrem persönlichen Ruheplatz riechen? Wie riecht die Luft, wie der Boden, wie die Vegetation um Sie herum?*
- *Was hören Sie, wenn Sie ganz still sind und lauschen? Was hören Sie ganz in der Nähe, was weiter entfernt, und welche Geräusche sind kaum mehr zu vernehmen?*
- *Was spüren Sie auf Ihrer Haut? Die Wärme der Sonne? Die Gischt des Ozeans? Die sanfte Brise des Windes?*
- *Welche Gefühle steigen in Ihnen auf, während Sie hier verweilen, an diesem wunderschönen, beruhigenden Ort?*

Folgen Sie mit Ihrem Stift unmittelbar allem, was Sie sich vorstellen. Setzen Sie sich dabei aber nicht unter Druck: Sie müssen bei dieser Übung keine Poesie verfassen! Schreiben Sie einfach nur auf, was Sie sehen, riechen, hören, spüren und fühlen, was Ihnen wichtig erscheint, was Sie zur Ruhe kommen lässt …

und beschreiben Sie all das spontan und unzensiert.

Wenn Sie das Gefühl haben, es sei genug, legen Sie den Stift nieder. Schließen Sie die Augen und spüren Sie Ihren Empfindungen noch für einige Momente nach. Sie müssen nun nichts mehr tun. Seien Sie einfach nur hier, an Ihrem Ruheort, und verweilen Sie.

Und wenn Sie die Augen dann wieder öffnen, nehmen Sie in Ihren Alltag das wunderbare Wissen mit, dass Sie jederzeit an diesen schönen, stillen Ort in Ihrem Inneren zurückkehren können! Sie wissen ja nun, wo er sich befindet, und in Zukunft wird die Reise dorthin nur noch so lange dauern, wie Sie brauchen, um Ihre Augen zu schließen.

Oder Sie wiederholen die Übung und erschaffen sich einen weiteren Ruheort – vielleicht gehen Sie ja heute ans Meer und spazieren morgen zu einer verzauberten Lichtung im Wald? Es liegt ganz an Ihnen …

Meditation:
Mondlicht atmen

Setze dich aufrecht hin, auf ein Meditationskissen, eine gefaltete Decke oder auch einen Stuhl. Dein Rücken sollte gerade sein; wenn nötig, lehne dich an. Wenn es dir angenehmer ist, kannst du dich aber auch hinlegen. Atme einige Male tief ein und lang aus.

Stelle dir nun vor, dass du unter einem dunklen, weiten Nachthimmel sitzt und umgeben bist von kühlem, beruhigendem Mondlicht.

Das milchig weiße Mondlicht umschmeichelt deinen Körper – es beruhigt deine Augen, es kühlt deine Haut – und mit jedem Atemzug nimmst du dieses kühle, beruhigende Mondlicht in deinem Körper auf.

Du atmest Mondlicht ein ... und beim Ausatmen verteilt sich das kühle, beruhigende Mondlicht in deinem Brustraum und sorgt dafür, dass er offen und frei wird.

Du atmest Mondlicht ein ... und beim Ausatmen strömt das kühle, beruhigende Mondlicht in deinen Bauch und löst jeden Knoten, jede Spannung auf.

Du atmest Mondlicht ein ... und beim Ausatmen strömt das kühle, beruhigende Mondlicht in deine Beine und macht sie wunderbar leicht.

Du atmest Mondlicht ein ... und beim Ausatmen strömt das kühle, beruhigende Mondlicht in deinen Rücken und sorgt dafür, dass dein gesamter Rücken so entspannt ist wie im Schlaf.

Du atmest Mondlicht ein ... und beim Ausatmen strömt das kühle, beruhigende Mondlicht in deine Schultern und deinen Nacken und entspannt auch hier alles, was sich noch verkrampft anfühlt.

Du atmest Mondlicht ein ... und beim Ausatmen strömt das kühle, beruhigende Mondlicht in deinen Kopf. Und hier verweilt es.

Das Mondlicht beruhigt deinen Mundraum und sorgt für einen frischen, sauberen Geschmack.

Das Mondlicht beruhigt den Innenraum deiner Nase mit einem ganz sanften, angenehmen Duft.

Das Mondlicht beruhigt deine Augen unter den geschlossenen Augenlidern. Nichts Grelles ist mehr zu sehen, nur noch ein milder, milchig weißer Schein.

Das Mondlicht beruhigt deinen Stirnraum. Es entspannt und erfrischt den Bereich hinter deinen Augen und hinter deinen Augenbrauen ... bis in die Mitte deines Kopfes hinein.

Das Mondlicht beruhigt das gesamte Innere deines Kopfes. Es strömt in jeden Winkel, und alles wird von seinem milden Schein erfrischt, besänftigt und beruhigt.

Nun strömt das Mondlicht durch deinen ganzen Körper.

Und du atmest ein ... und du atmest aus.

Und das Mondlicht kreist in dir, es strömt in jede Faser, jeden Muskel, jedes Organ ... und du atmest ein ... und du atmest aus.

Und dann atmest du tiefer ein ... und mit einem hörbaren Laut kräftig aus ... und wenn du nun die Augen wieder öffnest, ist dein gesamter Körper erholt, besänftigt und erfrischt!

Meditation *für Fahrten in öffentlichen Verkehrsmitteln*

Atme einmal tief durch die Nase ein ... und durch den Mund wieder aus. Kehre dann zu deinem natürlichen Atemrhythmus zurück.

Spüre, wie dein Körper jetzt, in diesem Augenblick, hier sitzt oder steht.

Spüre den Boden unter deinen Füßen. Sitzt oder stehst du fest und sicher, oder ruckelt es ein wenig? Nimm nur wahr, aber urteile nicht. Alles darf so sein, wie es ist.

Nimm nun auch deine akustische Umgebung wahr. Was hörst du? Die Unterhaltungen der Menschen um dich herum? Lautsprecher-Durchsagen? Andere Fahrzeuge? Oder die Geräusche des Fahrzeugs, in dem du dich gerade befindest?

Nimm auch dies nur wahr, aber bewerte die Geräusche nicht. Teile sie nicht in angenehme oder unangenehme Geräusche ein, sondern lass sie so sein, wie sie nun einmal sind. Die Geräusche tauchen auf ... du nimmst sie wahr ... und sie vergehen wieder, weil das nächste Geräusch in dein Bewusstsein dringt ... und wieder vergeht.

Und so kommen die Geräusche ... und gehen wieder – wie Wellen an einem weiten, leeren Strand.

Eine Welle rollt heran ... und ebbt wieder ab.
Eine weitere Welle rollt heran ... und ebbt wieder ab.

Lass die Wellen kommen und wieder gehen.
Sonst gibt es nichts zu tun.

Nur die Wellen kommen und gehen.
Die Geräusche kommen und gehen.
Deine Gedanken kommen und gehen.
Deine Atemzüge kommen und gehen.
Du atmest ein und wieder aus.
Und alles in dir – und um dich herum – kommt und geht.

Führe den sanften Wechsel von Kommen und Gehen, Einatmen und Ausatmen, Heranrollen und Abebben noch eine Weile fort ... so lange, bis du das Gefühl hast, dass es jetzt in Ordnung für dich ist, zurückzukehren.

Nimm dann einen tiefen Atemzug und balle kurz die Fäuste. Atme wieder aus, entspanne dabei ruckartig die Hände ... und sei wieder ganz da.

Achtsamkeitsübung:
Diese eine Blume

Idealerweise gehen Sie für diese Übung in die Natur: auf eine Wiese, eine Waldlichtung, in einen Park oder Ihren Garten. Schlendern Sie gemächlich umher, bis Sie eine Blume sehen, die Ihnen gefällt. Setzen Sie sich zu der Blume auf den Boden. (Sollte es Ihnen nicht möglich sein, diese Übung draußen durchzuführen, tun es zur Not auch Schnittblumen oder eine Topfpflanze.)

Betrachten Sie nun die Blume aufmerksam. Sehen Sie dabei so genau hin, als wären Sie ein*e Forscher*in und hätten eine unbekannte Art entdeckt. Konzentrieren Sie sich zunächst auf die Details:

- *Welche Farbe hat die Blume? Ist sie einfarbig oder mehrfarbig, bilden ihre Farben Muster oder fließen Sie vielleicht ineinander?*
- *Wie viele Blütenblätter können Sie zählen?*
- *Wie sehen die Blätter aus? Welche Form haben sie, welche Schattierung von Grün, sind sie glatt oder flaumig?*
- *Und der Stängel? Ist er zart und dünn, oder ist er fest und stark?*
- *In welcher Gesellschaft befindet sich Ihre Blume? Steht sie in einem Meer von ähnlichen Blumen oder ist sie von andersartigen Pflänzchen umringt?*
- *Was fällt Ihnen sonst noch an Ihrer Blume auf?*

Wenn Sie das Gefühl haben, Ihre Blume nun schon ein bisschen zu kennen, können Sie versuchen, Ihren Charakter zu erspüren:

- *Wirkt Ihre Blume fröhlich und vital auf Sie, wie eine kleine Rabaukin, oder eher sanft und ätherisch? Oder stolz und majestätisch?*

- *Wenn diese Blume ein Mensch wäre, mit welchen Worten würden Sie sie ansprechen? Welchen Beruf hätte sie wohl? Wo würde sie wohnen, und mit wem?*
- *Wie würden Sie ihre gemeinsame Zeit verbringen, wenn Sie beide befreundet wären?*

Und schließlich lassen Sie all diese Gedanken über die Blume fallen. Achten Sie jetzt nur noch auf Ihre Verbindung zueinander:

- *Was löst es in Ihnen aus, wenn Sie Ihre Blume ansehen?*
- *Wenn Sie sie berühren?*
- *Wenn Sie sich innerlich ganz und gar Ihrer Blume zuwenden?*
- *Welche Empfindungen haben Sie dabei, welche Gefühle kommen in Ihnen hoch?*

Spüren Sie nach, wie diese eine Blume – mag sie nun wunderschön sein oder unscheinbar – es vermag, Ihnen Ruhe zu schenken. Spüren Sie nach, wie die Blume Ihre Seele nährt. Spüren Sie auch dem Gefühl der Dankbarkeit nach, das diese Erkenntnis in Ihnen auslöst.

Bedanken Sie sich im Stillen bei der Blume. Verabschieden Sie sich von ihr wie von einer guten Freundin und kehren Sie langsam in Ihre Alltagswirklichkeit zurück.

Reflexion:
Reize bewusst wahrnehmen und umbewerten

Manchen Reizen, die Sie unangenehm berühren, können Sie leider nicht ausweichen: Die Baustelle vorm Haus ist nun einmal da, der Nachbar mäht eben samstags seinen Rasen. Darüber können Sie sich natürlich aufregen, aber in der Regel wird das wenig nützen! Wie wäre es also, wenn Sie stattdessen versuchen würden, ab und zu einmal die Perspektive zu wechseln?

Vieles nervt und stresst uns nämlich nicht deshalb, weil es nervig und stressig ist. Sondern weil wir es innerlich als stressig bewerten: So finden wir Baustellenlärm anstrengend, die ebenso laute Meeresbrandung jedoch nicht! Das fröhliche Spielen fremder Kinder empfinden wir als hektisch, das fröhliche Spielen der eigenen Kinder aber zaubert uns ein Lächeln aufs Gesicht. Und an den frühmorgens jubilierenden Vögeln können wir uns nach einer guten, langen Nacht leicht erfreuen, weniger jedoch, wenn wir nach stundenlangem Herumwälzen gerade erst in den Schlaf gefunden haben …

Reflektieren Sie doch einmal möglichst unvoreingenommen:

- *Welcher Reiz hat Sie heute am meisten gestresst?*
- *Was genau hat Sie an ihm gestresst?*
- *Was müsste sich ändern, damit Sie diesen Reiz als weniger*

negativ empfinden würden?

- *Wenn dieser Reiz etwas sehr Gutes für Sie bedeuten würde (wenn also die Baustelle vor Ihrem Fenster nur existieren würde, weil dort gerade Ihr absolutes Traumhaus entstünde): Wie würden Sie dem notwendigen Lärm, den fleißigen Bauarbeitern, dem unvermeidlichen Staub innerlich begegnen?*

Und nun gehen Sie noch einen Schritt weiter.

Suchen Sie bitte einen schönen, aber belebten Platz auf, zum Beispiel einen gut besuchten Park oder ein Café. Lassen Sie sich dort nieder und spielen Sie für eine halbe Stunde Beobachter*in:

- *Was hören, sehen, riechen, spüren Sie hier, das dazu beitragen könnte, Sie zu stressen?*
- *Achten Sie auf Ihre Reaktionen auf diese Reize: Welche Gefühle steigen in Ihnen auf? Welche körperlichen Reaktionen zeigen sich? Akzeptieren Sie alles, was Sie bemerken, und beobachten Sie, ob die Gefühle und Reaktionen allein dadurch schon etwas weniger unangenehm werden.*
- *Achten Sie auch auf Ihre Gedanken: Wen oder was verurteilen Sie, über wen oder was denken Sie etwas Negatives? Beobachten Sie, ob diese Gedanken Ihre eigenen negativen Gefühle oder körperlichen Reaktionen verstärken.*
- *Beobachten Sie, ob an irgendeinem Punkt eine Art Tunnel-*

blick einsetzt und Sie sich nur noch auf den unangenehmen Reiz konzentrieren, während Sie die Schönheit der Umgebung, die sympathischen Menschen um Sie herum, die warme Sonne, das duftende Gras völlig auszublenden beginnen. Versuchen Sie in diesem Fall, Ihren Blick wieder zu weiten: Ziehen Sie Ihre Aufmerksamkeit von dem unangenehmen Reiz ab und richten Sie ihn bewusst auf etwas anderes.

- *Probieren Sie aus, ob es Ihnen vielleicht sogar gelingt, die unangenehmen Reize positiv zu besetzen: Die grelle Sonne erhöht Ihren Vitamin-D-Spiegel; der Skateboard-Fahrer könnte auch Ihr Sohn sein, der endlich mal wieder Sport an der frischen Luft treibt; die vor Lachen kreischenden Frauen am Nebentisch könnten in einem anderen Leben Ihre besten Freundinnen sein … Wie verändert sich dadurch Ihre Wahrnehmung? Ihre Gedanken und Gefühle? Flauen eventuell auch Ihre körperlichen Reaktionen ab?*
- *Reflektieren Sie zum Schluss, wie es Ihnen mit der Übung ergangen ist: Was ist Ihnen leichtgefallen, was eher schwer? An welcher Stelle haben Sie gemerkt, dass Sie durchaus einen Einfluss darauf haben, ob etwas Bestimmtes Sie stresst oder nicht? Und wann hatten Sie genug von all den Reizen, wann konnten Sie nicht mehr?*

Zugegeben, die Durchführung dieser Übung ist zwar spannend, aber nicht nur angenehm. Doch wenn wir die Übung einige Male wiederholen und dabei allmählich lernen, dass wir auf einen Reiz nicht reagieren müssen, dass wir uns auch nicht über ihn ärgern müssen, sondern ihn umbewerten oder ihm ganz einfach unsere Aufmerksamkeit entziehen können – obwohl er nach wie vor da ist –, dann sind wir einen Riesenschritt weitergekommen auf unserem Weg aus der ständigen Überreizung!

Und das ist es doch allemal wert, nicht wahr?

4. Bei chronischer Zeitnot

Chronische Zeitnot erscheint uns oft als unabänderlich: Wir haben halt zu viel zu tun! Stecken in der Rushhour des Lebens, müssen Geld verdienen und Kinder versorgen. Jeder will was von uns und wir wollen nicht ständig Nein sagen. Und überhaupt: Ist es nicht fast schon normal, keine Zeit zu haben?

Wenn Sie so denken, haben Sie einerseits natürlich recht, denn das Leben ist manchmal anstrengend, für jeden Menschen. Wir alle sind ab und zu überfordert, wissen vor lauter Pflichten nicht mehr, wo uns der Kopf steht, und wünschen uns Tage, die hundert Stunden haben.

Andererseits sollte solch eine Phase genau das bleiben: nur eine Phase! Eine Etappe im Leben also, die auch wieder vorübergeht, um gelasseneren Zeiten das Feld zu überlassen.

Denn was macht es mit Ihnen, wenn Sie nicht nur temporär, sondern dauerhaft Ihre energetischen Grenzen überschreiten? Wenn Sie nicht nur ausnahmsweise, sondern ständig die Aufgaben anderer erledigen, nur um niemanden vor den Kopf zu stoßen? Wenn Sie das Gefühl haben, fremdbestimmt zu sein und gar nicht Ihr eigenes Leben zu leben? Wenn Sie ständig dringende Dinge erledigen müssen, aber kaum je zum wirklich Wichtigen kommen? Wenn Ihr Alltag aus Tätigkeiten besteht, die Ihre Werte und Prioritäten gar nicht widerspiegeln? Und wie sehen sie denn überhaupt aus, diese Werte und Prioritäten?

Es ist unabdingbar, sich solchen Fragen zu stellen, wenn Sie langfristig ein stressfreieres und zufriedeneres Leben führen möchten. Allzu oft ist chronische Zeitnot nämlich kein Schicksal, das uns von außen auferlegt wird und gegen das wir machtlos wären. Wir können fast immer etwas zum Positiven verändern! Denn genau wie beim akuten Stress haben wir in der Regel einen eigenen Anteil an unserer ständigen Zeitnot – und so bitter diese Einsicht im ersten Moment schmecken mag, eröffnet sie uns doch auch die wunderbare Möglichkeit, die Lösung für unser Zeitproblem in die eigenen Hände zu nehmen. Ein erster Einstieg in diesen Prozess sollen die Übungen in diesem Kapitel sein.

An klassische Zeitmanagement-Methoden knüpft die Reflexion *„Wichtigkeit und Dringlichkeit“* an. Angelehnt an das sogenannte Eisenhower-Prinzip, leitet diese Übung Sie an, Ihre typische, stressige (Arbeits-)Woche einmal genauer unter die Lupe zu nehmen. Mit den so gewonnenen Einsichten können Sie dann einen optimierten Wochenplan erstellen, der viel besser an Sie und Ihre hochsensiblen Bedürfnisse angepasst ist.

Einem ähnlichen Ziel dient die Übung *„Tagesplanung für Hochsensible“*. Mit ihr kommen Sie Ihrem idealen Tag ganz nahe

– und das auf realistische und praktikable Weise! Denn die beste Planung nützt nichts, wenn sie sich im Alltag nicht auch gut umsetzen lässt.

Mit der Schreibübung *„Der wundervolle Nein-Tag"* können Sie sich auf dem Papier darin üben, öfter als bisher freundlich und gelassen Nein zu sagen. Dies wird Ihnen in der Realität unmittelbar zugutekommen, wenn wieder einmal alle möglichen und unmöglichen Bitten an Sie herangetragen werden. Sie werden sehen: Nein zu sagen, kann in vielen Situationen regelrecht befreiend wirken!

Um Ihnen dabei zu helfen, ihre ureigenen Werte zu entdecken und sich ihrer Verwirklichung anzunähern, lege ich Ihnen die Schreibübung *„Brief aus der Zukunft"*ans Herz. Sie wird Ihnen wertvolle Hinweise liefern, was Sie im Grunde Ihres Herzens tun und wer Sie sein möchten, was Sie für Ihr Leben anstreben, was Ihnen wirklich wichtig ist und wie Sie bereits hier und jetzt die ersten Veränderungen in die richtige Richtung anstoßen können.

Außerdem biete ich Ihnen die meditative Körperübung *„Langsames und schnelles Gehen"* an. Regelmäßig angewendet, eignet sie sich hervorragend dafür, ein besseres Gespür für die Wechselwirkungen zwischen Körper und Geist zu bekommen. So wird es Ihnen leichter fallen, rechtzeitig gegenzusteuern, wenn mentaler Stress und körperliche Anspannung sich wieder einmal gegenseitig hochzuschaukeln drohen.

Und schließlich habe ich noch zwei Meditationen für Sie. Mit der Meditation *„Wolken beobachten"* möchte ich Ihnen die

Möglichkeit bieten, sich einfach nur zu entspannen, wenn Sie das Gefühl haben, dringend eine Auszeit von der ständigen Hetze zu brauchen. Mit der zweiten Meditation dieses Kapitels, *„Das große Ganze"*, können Sie dann aus der Adlerperspektive auf Ihr Leben blicken, wodurch sich wie von selbst einiges zurechtrücken wird.

Noch ein wichtiger Hinweis: Hinter chronischer Zeitnot und Überforderung können unter Umständen negative Glaubenssätze, problematische Überzeugungen oder prägende Erfahrungen stecken, denen mit Selbsthilfe allein nicht beizukommen ist. Aber auch ganz konkrete Gründe für Dauerstress, zum Beispiel die Krankheit eines Kindes oder die Arbeitslosigkeit des Partners oder der Partnerin, lassen sich natürlich nicht einfach „wegschreiben" oder „wegmeditieren"! Es wäre vermessen, würde ich Ihnen suggerieren, dass Sie bloß die Übungen dieses Kapitels durchführen müssten und, schwupp, wäre in jedem Fall, in jeder Lebenssituation alles wieder gut ... denn so einfach ist es eben nicht immer.

Deshalb: So positiv und anerkennenswert es ist, die Stressbewältigung in die eigenen Hände zu nehmen, so wichtig ist es auch, seine Grenzen zu erkennen! Wenn Sie also vor lauter Überforderung nicht mehr ein noch aus wissen, wenn alles über Ihnen zusammenschlägt und es Ihnen sehr schlecht geht, wenn Sie verzweifelt sind oder unter Ängsten leiden, dann holen Sie sich bitte professionelle Unterstützung! Und damit meine ich nicht einen Babysitter (obwohl auch der nützlich sein kann), sondern therapeutische, psychologische oder ärztliche Hilfe. Niemandem ist damit gedient, wenn Sie in einen Burnout oder eine Depression rutschen. Es ist keine Schande, das Leben nicht immer aus eigener Kraft bewältigen zu können, und keine Schwäche, die Hilfe anderer zu suchen und anzunehmen. Im Gegenteil: Es zeugt von Stärke und Mut!

Horchen Sie also bitte in sich hinein, ob Übungen in Eigenregie in Ihrer aktuellen Situation noch ausreichend sind, oder ob es Zeit für den nächsten Schritt ist. *Und falls es Zeit ist, dann tun Sie diesen Schritt – beherzt und ohne zu zögern.*

Reflexion: *Wichtigkeit und Dringlichkeit*

Falls Sie einen Terminplaner oder Ähnliches besitzen, nehmen Sie ihn zur Hand, ansonsten versuchen Sie bitte, sich zu erinnern: Mit welchen Aktivitäten waren die vergangenen sieben Tage angefüllt? Was haben Sie erledigt, was waren Ihre Aufgaben und Pflichten? Legen Sie eine Liste an und schreiben Sie alles, was Ihnen einfällt, in Stichworten darauf. (Bitte schreiben Sie bei dieser Übung nur auf, was Sie erledigen mussten, nicht die entspannenden Tätigkeiten oder angenehme Freizeitaktivitäten.)

Nehmen Sie nun vier verschiedene Textmarker oder Buntstifte zur Hand, in den Farben Rot, Orange, Gelb und Grün.

Gehen Sie Ihre Stichworte eines nach dem anderen durch und streichen Sie sie mit der jeweils passenden Farbe an:

- *Grün, wenn die Tätigkeit sowohl wichtig als auch dringend war.*
- *Gelb, wenn die Tätigkeit wichtig, aber nicht dringend war.*
- *Orange, wenn die Tätigkeit dringend, aber nicht wichtig war.*
- *Rot, wenn die Tätigkeit weder dringend noch wichtig war.*

Und nun sehen Sie sich die verschiedenen Farbbündel an:

- *Die roten Tätigkeiten sind solche, mit denen Sie möglichst wenig Zeit verschwenden sollten! Ignorieren Sie solche Aufgaben bzw. erledigen Sie sie zukünftig als letzte.*
- *Die orangen Tätigkeiten sollten Sie, wo immer möglich, delegieren. Dies betrifft nicht nur den geschäftlichen Bereich, sondern auch den privaten: Es müssen zum Beispiel nicht immer Sie sein, der den Müll hinunterträgt, das erledigt Ihr Partner oder Ihre Partnerin genauso gut! Die Kinder können ihre Betten selbst beziehen, Hemden können zum Bügeln weggegeben werden etc.*
- *Die gelben Tätigkeiten tragen Sie sich am besten in den Kalender oder in eine langfristige To-do-Liste ein. Sie sollten erledigt werden, sobald die Zeit dafür da ist, sobald also …*
- *… die grünen Tätigkeiten abgearbeitet sind! Denn dies sind die Aufgaben, die sowohl wichtig als auch dringend sind, und deshalb sind diese Aufgaben die allerersten, die Sie erledigen sollten.*

Nun können Sie reflektieren:

- *Füllen Sie Ihre Zeit für gewöhnlich mit tausend unwichtigen Kleinigkeiten an und sind vor allem deshalb permanent gestresst, weil Sie den wirklich wichtigen Aufgaben ständig hinterherhecheln?*
- *Oder setzen Sie die Prioritäten schon ganz richtig und lassen Unwichtiges auch mal links liegen, sodass Sie ohne Zeitnot erledigen können, worauf es schlussendlich ankommt?*
- *Oder befinden Sie sich vielleicht irgendwo dazwischen, sodass Ihrer Tages- und Wochenplanung eigentlich nur noch der Feinschliff fehlt?*

Wo auch immer Sie im Augenblick stehen, Ihr erklärtes Ziel sollte sein, dass von nun an die grünen Aufgaben Priorität haben und zuerst bearbeitet werden, die roten hingegen als letzte drankommen oder sogar ignoriert werden! Orange Aufgaben versuchen Sie zu delegieren und die gelben erledigen Sie nach den grünen.

Mit dieser einfachen Priorisierung können Sie auf Dauer vermeiden, dass Sie abends völlig überarbeitet, überfordert und gestresst sind, während Sie gleichzeitig das deprimierende Gefühl haben, „doch eigentlich gar nichts gemacht" zu haben. Sie erkennen Zeitfresser nun leichter und bekommen einen Blick dafür, was wichtig und was vernachlässigbar ist. Auf diese Weise müssen Sie zukünftig nicht mehr blind und getrieben durch Ihre Woche hasten, sondern entscheiden selbst, welcher Aufgabe Sie Ihre Zeit und Kraft widmen wollen – und welcher eben nicht! Sie werden insgesamt effizienter und Sie gewinnen neue Freiräume, zum Beispiel für Entspannung oder positive soziale Kontakte.

Passen Sie aber bitte auf, dass Sie die gewonnene Zeit nicht umgehend mit neuen Aufgaben anfüllen! Der Sinn von Zeitmanagement im Rahmen der Stressbewältigung liegt nicht darin, sich besser zu organisieren, um noch mehr erledigen zu können, sondern darin, Ihnen Zeit für mehr Muße, Erholung und Lebensfreude zu verschaffen!

Reflexion:
Tagesplanung für Hochsensible

Hochsensible Menschen benötigen in der Regel öfter eine kleine Pause, um aufzutanken und Stress loszulassen. Oft scheint die Zeit für solche Pausen jedoch zu fehlen.

Doch fehlt diese Zeit wirklich?

Nehmen Sie bitte ein Blatt Papier und einen Stift zur Hand. Stellen Sie sich vor, der Tag hätte so viele Stunden, wie nötig sind, damit Sie alles, was Sie müssen und wollen, auch tatsächlich erledigen bzw. verwirklichen können! Hier sind zum einen Ihre Aufgaben gemeint, zum anderen aber auch das, was Ihnen bisher in Ihrem Alltag fehlt: der Spaziergang in der Mittagssonne, das kleine Schläfchen nach dem Essen, die Fünf-Minuten-Meditation nach dem anstrengenden Kundengespräch, das ausgiebige Kuscheln und Vorlesen am Abend mit Ihrem Kind. Oder was ist es, wonach Sie sich sehnen? Wofür bräuchten Sie mehr Zeit? Was kommt zu kurz, obwohl es Ihnen eigentlich wichtig ist? Was bräuchten Sie als hochsensibler Mensch, das Sie sich bislang verkniffen haben, weil die anderen es ja auch „ohne" schaffen?

Schreiben Sie all das auf, zusammen mit Ihren täglichen Pflichten – so, als wäre es eine To-do-Liste für einen endlos langen Tag!

Schreiben Sie dann auf dasselbe Blatt Papier, aber mit Rotstift, womit Sie für gewöhnlich Ihren Feierabend sowie die kleinen Pausen füllen, die es in jedem Tagesablauf gibt.

Seien Sie dabei bitte ehrlich und objektiv:
Checken Sie rasch Ihre Mails? Surfen Sie ziellos im Internet? Bringen Sie sich in den Sozialen Medien auf den neuesten Stand? Essen Sie etwas Süßes? Machen Sie die Augen zu? Lesen Sie? Sehen Sie fern? Kochen oder backen Sie zur Entspannung? Spielen Sie ein Stück auf dem Klavier oder greifen Sie nach der Gitarre?

Tragen Sie die jeweilige Tätigkeit dort ein, wo Sie ihr normalerweise nachgehen, also zum Beispiel „Durch Instagram scrollen" in die Mittagspause, „Die Augen zumachen" irgendwann in den Nachmittag, „Serien schauen" in den Abend.

Schreiben Sie nun hinter jede dieser Tätigkeiten, ob sie bei Ihnen tatsächlich für Entspannung sorgt: eine Eins für „Ja", eine

Zwei für „ein bisschen“, eine Drei für „Nein“. Bitte seien Sie auch hier wieder ganz ehrlich.

Reflektieren Sie:

- *Wie viele Dinge, die Sie mit Rotstift auf die Liste geschrieben haben, nehmen tagtäglich Ihre Zeit in Anspruch, obwohl sie bei näherer Betrachtung nicht wirklich zu Ihrer Entspannung beitragen (sodass Sie sie mit einer Zwei oder Drei bewertet haben)?*

<u>Streichen Sie sie durch!</u>

- *Wie viele Dinge stehen auf der Liste, die Sie zwar zu Ihren Pflichten zählen, die aber bei näherer Betrachtung weder wichtig noch dringend sind?*

<u>Streichen Sie sie durch!</u>

Und mit Erstaunen werden Sie sehen: Plötzlich, wie durch ein Wunder, haben Sie ganz schön viel Zeit! Vielleicht sind es bloß fünf Minuten hier und eine Viertelstunde dort. Doch genau diese fünf Minuten, diese Viertelstunde sind es, die am Ende den Unterschied machen! Denn diese Mini-Auszeiten entscheiden besonders bei uns Hochsensiblen darüber, ob wir uns am Abend überreizt und ausgepowert fühlen, oder ob wir zwar müde sind, aber nicht übermüdet.

Deshalb blicken Sie nun bitte ein weiteres Mal auf Ihre Liste: Durch welche Dinge, die bisher immer zu kurz gekommen sind, obwohl Sie sich danach sehnen, können die gestrichenen (roten / unnötigen) Tätigkeiten ersetzt werden? Vielleicht könnten Sie ein Stück auf dem Klavier spielen, anstatt sich einen Schokoriegel zu holen? Lesen statt Netflix gucken? Ein heißes Bad nehmen, statt mit der Bekannten zu telefonieren, die sich immer über alles und jedes aufregt? Etwas Leckeres kochen und es dann in Ruhe genießen, statt zum dritten Mal in dieser Woche zu staubsaugen?

Am Ende halten Sie Ihren persönlichen Idealtag in Händen: eine To-do-Liste, die sowohl Pflichterfüllung als auch regelmäßige Auszeiten, wirkliche Entspannung und beglückenden Genuss beinhaltet – und für deren Verwirklichung Sie sich weder ein Bein ausreißen noch Ihren gesamten Alltag umkrempeln müssen!

Sie werden sehen: Je öfter Sie sich zukünftig von diesem Idealtag inspirieren lassen und sich an ihm orientieren, desto schneller wird Ihr Gefühl der chronischen Zeitnot der Vergangenheit angehören.

Schreibübung:
Der wundervolle Nein-Tag

Viele Hochsensible können nur schlecht Nein sagen zu Aufgaben, die sie nicht übernehmen wollen (und eigentlich auch gar nicht müssten). Nein zu sagen erscheint ihnen als unfreundlich und hart, und außerdem könnte ein Nein bedeuten, dass ein Konflikt entsteht. Dem gehen viele Hochsensible lieber aus dem Weg, da sie ein starkes Harmoniebedürfnis haben. Also besser Ja sagen und die Aufgabe noch schnell erledigen ... und die nächste Aufgabe auch noch, und die übernächste und die überübernächste ... und dann ist endlich Feierabend! Doch statt sich entspannen zu können, bricht die Erschöpfung wie eine dunkle Woge über einem zusammen.

Tun Sie doch einmal das Gegenteil: Sagen Sie einen ganzen Tag lang entschieden „Nein!" – zumindest in Gedanken und auf dem Papier, denn dies ist eine sehr gute Übung für den Ernstfall, den Sie hier völlig gefahrlos proben können. **Und so geht's:**

Lassen Sie bitte die letzte Woche Revue passieren. In welchen Situationen haben sie eine Aufgabe oder Verpflichtung angenommen, obwohl sie das eigentlich gar nicht wollten? Wann hätten Sie gerne Nein gesagt, haben es sich aber nicht getraut? Schreiben Sie fünf dieser Situationen auf.

Diese fünf Situationen bilden nun die Basis für eine kleine Geschichte. Stellen Sie sich bitte vor, dass Sie alle fünf Situationen im Laufe eines Tages erleben, doch diesmal sagen Sie nicht Ja, sondern Nein!

Beim ersten Mal fällt Ihnen das noch schwer. Fühlen Sie in die Beklemmung, die Sorge, die Angst hinein, die das Nein-Sagen in Ihnen auslöst, und halten Sie diese Gefühle schriftlich kurz fest.

Doch dann kommt der Twist, denn Ihr Nein-Sagen löst nichts Schlimmes aus, im Gegenteil: Ihr Gegenüber reagiert mit vollstem Verständnis! Und Sie sind so erleichtert, so glücklich darüber – bitte beschreiben Sie diese Gefühle nun so detailliert wie möglich –, dass es Ihnen in der zweiten Situation schon viel leichter fällt, Nein zu sagen. Und in der dritten sind Sie schon regelrecht geübt im Nein-Sagen …

Schreiben Sie sich auf diese Weise durch den gesamten Tag und alle fünf Situationen. Dabei steigern Sie jedoch die Schwierigkeit: Ganz so verständnisvoll wie Ihr erstes Gegenüber ist die zweite Person nämlich nicht, und die dritte ist deutlich irritiert. Die vierte Person ist dann schon beleidigt, und die fünfte – und letzte – Person macht Ihnen so richtig die Hölle heiß!

Im gleichen Maße aber, wie das Verständnis der anderen Personen abnimmt, nehmen Ihre eigene Stärke, Ihr Selbstbewusstsein und Ihre Standhaftigkeit zu. Stellen Sie sich diese Entwicklung so bunt und lebhaft vor wie möglich, und bringen Sie sie mit Freude und Leidenschaft zu Papier: Beschreiben Sie ganz genau, wie Sie fest und bestimmt, aber auch gelassen und ohne jegliche Wut, Ihrem Gegenüber die Stirn bieten und ihm vermitteln, dass Sie für diese Zusatzaufgabe, diese unerwünschte Pflicht gerade nicht zu haben sind.

Beschreiben Sie auch die Gefühle und Gedanken, die Sie nach der Auseinandersetzung haben, und konzentrieren Sie sich dabei unbedingt auf die positiven! Stellen Sie sich also vor, wie stolz Sie auf sich sind, wie glücklich über Ihren eigenen Mut und wie entspannt am Abend, wenn Sie auf einen weitgehend stressfreien Tag zurückblicken dürfen. Feiern Sie sich, seien Sie rundum zufrieden mit sich selbst!

Und schließen Sie die Geschichte dann mit einem weiteren Twist ab: nämlich dem Anruf und der zerknirschten Entschuldigung von ausgerechnet der Person, die Ihnen kurz zuvor die Hölle heiß gemacht hatte. (Es versteht sich von selbst, dass Sie ihr großmütig vergeben ...)

Mit dieser Schreibübung schaffen Sie sich eine Art „vorauseilende Erinnerung“, die Ihnen im wirklichen Leben das Nein-Sagen deutlich erleichtern kann. Je hingebungsvoller Sie schreiben und je deutlicher Sie all die positiven Gefühle empfinden, desto einfacher wird es für Sie sein, im Ernstfall daran anzuknüpfen – und genau so zu reagieren, wie Sie es sich erträumt haben!

Schreibübung:
Brief aus der Zukunft

Schreiben Sie sich bitte selbst einen Brief. Beginnen Sie mit dem Datum: Es sollte fünf Jahre in der Zukunft liegen. Ihr zukünftiges Ich schreibt also an Ihr gegenwärtiges Ich, und es beschreibt Ihnen in allen Details, wie Ihr Leben in fünf Jahren aussehen wird – nämlich großartig!

Alles, was Sie sich nur wünschen können, ist eingetreten. Erzählen Sie Ihrem heutigen Ich also, wie Ihr Leben in fünf Jahren aussieht: Wo wohnen Sie? Mit wem? Womit verbringen Sie Ihre Zeit? Was tun Sie beruflich und was in Ihrer Freizeit? Lassen Sie Ihrer Fantasie freien Lauf und sparen Sie nicht an Optimismus! Ihr zukünftiges Ich lebt das Leben Ihrer Träume; beschreiben Sie es also gern euphorisch.

Wenn Sie mit dem Brief fertig sind, legen Sie ihn für einige Minuten beiseite. Lesen Sie ihn dann nochmals durch. Was scheint Ihrem zukünftigen Ich wichtig zu sein, welche Werte, Tätigkeiten, Beziehungen?

Was hingegen taucht gar nicht auf, obwohl es in Ihrem gegenwärtigen Leben noch eine Rolle spielt?

Unterstreichen Sie nun diejenigen Werte, Tätigkeiten und Beziehungen, die Ihnen spontan am wichtigsten erscheinen. Vertrauen Sie hierbei Ihrem Bauchgefühl. Schreiben Sie die entsprechenden Stichworte bitte auf ein neues Blatt.

Wählen Sie aus diesen Stichworten dann aus, was Ihnen hier und jetzt so wichtig erscheint, dass Sie am liebsten noch heute damit anfangen würden, den Wert, die Tätigkeit oder die Beziehung voranzubringen. Beschränken Sie sich bitte vorerst auf eine Sache, denn Sie sollen sich von ihrer Verwirklichung ja nicht noch gestresster, sondern belebt und motiviert fühlen.

Überlegen Sie dann, was Sie noch heute dafür tun könnten! Das muss gar nichts Großes sein, ein kleiner erster Schritt genügt: Vielleicht möchten Sie eine Anfrage per E-Mail stellen? Ein Buch über ein bestimmtes Thema kaufen? Eine Dokumentation dazu anschauen? Sich über Fortbildungen informieren? Einen lieben Menschen anrufen? Einen Ausflug planen?

Setzen Sie diesen kleinen ersten Schritt noch heute in die Wirklichkeit um.

Nehmen Sie den Brief Ihres zukünftigen Ichs von nun an regelmäßig zur Hand. Überprüfen Sie: Welche Veränderungen hat Ihr zukünftiges Ich bereits angestoßen? Welche stehen noch an? Und vor allem: Welches Stichwort ist als Nächstes an der Reihe, von Ihrem heutigen Ich verwirklicht zu werden?

Körperübung:
Langsames und schnelles Gehen

Wenn wir uns von Aufgaben und Pflichten unter Druck gesetzt fühlen, beschleunigen wir bewusst oder unbewusst unser Tempo. Wir hetzen durch die Welt im Gefühl, nur ja keine Sekunde verschwenden zu dürfen – und dieses Gefühl setzt uns oft mehr unter Druck als die Aufgaben und Pflichten selbst! Dabei ist die ständige Eile alles andere als produktiv: Wenn wir hektisch, nervös und fahrig sind, passieren uns unweigerlich mehr Missgeschicke (die wir zeitintensiv wieder beseitigen müssen) und unsere Arbeit wird deutlich fehleranfälliger (und somit ineffizient). Deshalb steckt viel Wahres in dem populären Rat, dass wir langsam gehen sollten, wenn wir es eilig haben.

Nehmen Sie diesen Rat mit der folgenden Übung doch einmal wörtlich!

Sorgen Sie bitte dafür, dass Sie in den nächsten zehn Minuten nicht gestört werden. Führen Sie die Übung in einem Zimmer durch oder auch in der Natur. Es sollten jedoch keine anderen Menschen in der Nähe sein, denn Sie sollten sich unbedingt unbeobachtet fühlen.

Beginnen Sie nun, ganz langsam in Ihrem Zimmer (oder draußen) herumzugehen. Ihr Tempo sollte nur halb so schnell sein wie gewöhnlich oder noch langsamer, wenn Sie sich gerade sehr gehetzt fühlen.

Spüren Sie den Untergrund unter Ihren Füßen oder Ihren Schuhen. Ist der Boden weich oder hart, federnd oder starr?

Rollen Sie den Fuß beim Auftreten ganz bewusst ab, fühlen Sie die verschiedenen Zonen Ihres Fußes: die Ferse, die Sohle, die Zehen. Stellen Sie sich vor, dass Sie so achtsam auftreten, dass Sie den Boden mit Ihren Füßen streicheln.

Konzentrieren Sie sich einige Minuten lang ausschließlich auf dieses langsame, sanfte Gehen.

Gehen Sie im gleichen gemächlichen Tempo weiter, aber richten Sie Ihre Aufmerksamkeit nun nach innen.

Welche Gefühle steigen in Ihnen auf, während Sie nichts weiter tun, als einen Gang herunterzuschalten? Ist es Ungeduld? Sind Sie genervt? Ist es eine große Erleichterung? Spüren Sie vielleicht Trauer oder Selbstmitgefühl, weil Sie erst jetzt merken, wie unglaublich gestresst Sie waren?

Lassen Sie alles zu und bewerten Sie Ihre Gefühle nicht. Gehen Sie einfach weiter, langsam und ruhig, und beobachten Sie mit freundlicher Neugier, wie es Ihnen dabei ergeht.

Falls Sie bei dieser Übung bereits zur Ruhe kommen: *wunderbar!*

Falls das die ersten Male jedoch noch nicht so ist und die Anspannung immer größer wird, dann sagen Sie sich – laut oder in Gedanken – beim Abrollen des rechten Fußes: „Dieser eine Augenblick …", und beim Abrollen des linken Fußes: „… verdient meine Aufmerksamkeit."

Gegen Ende der Übung bleiben Sie stehen und spüren kurz in Körper und Seele hinein. *Wie fühlen Sie sich jetzt?*

Und dann starten Sie das Gegenprogramm: Drehen Sie einige Runden durchs Zimmer (oder draußen) in Ihrem ganz normalen Tempo, und achten Sie darauf, wie Sie sich dabei fühlen. Wahrscheinlich kommt Ihr Tempo Ihnen nun gar nicht mehr so normal vor, sondern ziemlich flott … zu flott sogar!

Können Sie fühlen, wie Ihr Körper wieder in den Alarmzustand schaltet?

Nehmen Sie dann das Tempo heraus. Gehen Sie jetzt weder so langsam wie zu Anfang der Übung, noch so schnell wie am Ende. Versuchen Sie stattdessen, ein Tempo zu finden, bei dem sich Ihr Geist wohlfühlt! Drücken Sie mit Ihrem Gang also das Lebensgefühl aus, das Sie anstreben: beschwingt und gleichzeitig entspannt, zielstrebig, aber nicht gestresst.

Machen Sie diese Übung gern öfter, denn so einfach sie anmutet, so effektiv ist sie!

Meditation: *Wolken beobachten*

Setze oder lege dich an einen Platz, von dem aus du einen freien Blick auf den Himmel hast, denn diese Meditation wird mit offenen Augen praktiziert. An völlig wolkenlosen Tagen funktioniert sie natürlich nicht, es sollten also ein paar Wölkchen zu sehen sein.

Betrachte nun den Himmel und die Wolken. Stehen die Wolken still am Himmel oder ziehen sie – langsam oder schnell – vorbei?

Welche Farben siehst du? Haben alle Wolken die gleiche Farbe, oder siehst du feine oder stärkere Nuancen?

Welche Formen oder Wesen glaubst du in den einzelnen Wolken zu erkennen?

Kannst du dich voll und ganz auf die Wolken konzentrieren oder drängen sich andere Gedanken in deinen Geist? Wenn Letzteres der Fall ist, dann lass die Gedanken einfach weiterziehen – wie die Wolken am Himmel. Die Gedanken tauchen auf, du betrachtest sie, und dann lässt du sie wieder los.

Langsam spürst du, wie du tiefer und langsamer atmest. Du atmest nun länger aus als ein: Du atmest ein ... und länger aus. Ein ... und länger aus.

Du spürst, wie das Gefühl der Dringlichkeit, das du vorhin vielleicht hattest, schwächer wird. Du sitzt oder liegst einfach nur hier und betrachtest den Himmel ... und die Wolken ziehen vorüber ... und deine Gedanken ziehen vorüber ... und du wirst still.

Und alles kommt ... und alles geht – und du darfst alles betrachten ... und du darfst alles wieder loslassen.

Jedes Gefühl der Dringlichkeit.
Jedes Gefühl der Hetze.
Jedes Gefühl der Zeitnot.

Du lässt all diese Gefühle los – siehst sie wie Wolken vorüberziehen, siehst sie kleiner werden und schließlich ganz verschwinden.

Du sitzt unter dem weiten, ewigen Himmel und atmest. Mehr hast du nicht zu tun. Du atmest ein ... und lang aus. Ein ... und lang aus. Ein ... und lang aus. Atme in deinem eigenen, ruhigen Rhythmus weiter – unter dem weiten, ewigen Himmel –, immer wieder ein ... und aus.

Und schließlich nimmst du noch einen tiefen, kräftigen Atemzug ... und du bewegst deine Finger und deine Zehen ... du kreist die Handgelenke ... und die Schultern ... und dann kehrst du zurück in deinen Alltag, beruhigt und gestärkt von der Kraft des weiten, ewigen Himmels.

Meditation: *Das große Ganze*

Setze dich aufrecht hin, auf ein Meditationskissen, eine gefaltete Decke oder auch einen Stuhl. Dein Rücken sollte gerade sein; wenn nötig, lehne dich an. Wenn es dir angenehmer ist, kannst du dich aber auch hinlegen.

Atme nun einige Male tief ein ... und länger aus. Ein ... und länger aus. Ein ... und länger aus.

Stelle dir vor, du wanderst an einem Fluss entlang. Du wanderst schon eine ganze Weile, und so weißt du, dass der Fluss an manchen Stellen lieblich und ruhig ist, an anderen Stellen aber wild und zuweilen ist er sogar furchterregend in seiner tosenden Gewalt.

Jetzt gerade bist du an einer solchen Stelle des Flusses: Neben dir schäumt und tobt das Wasser, die Wellen schlagen über das Ufer und das kalte Wasser durchnässt deine Schuhe und Strümpfe.

Doch da hörst du über deinem Kopf ein Rauschen wie von großen Flügeln. Und als du nach oben schaust, erblickst du einen Adler. Er fliegt direkt auf dich zu!

Doch statt dich zu packen, fliegt er in dich hinein und ihr verschmelzt miteinander.

Du bist der Adler!

Und du, der Adler, breitest deine Schwingen aus und hebst vom Boden ab. Du fliegst hinauf zum weiten, blauen Himmel. Immer höher steigst du auf, immer kleiner wird die Welt unter dir: die Bäume, der Fluss, die ganze Landschaft.

Und je weiter du dich von der Erde entfernst, desto weiter entfernst du dich auch von deinen Sorgen. Von deinen Mühen. Von deiner Angst, dass der Fluss noch wilder werden und seine Wellen dich verschlingen könnten. Ganz klein werden diese Ängste, diese Gedanken, bis sie sich im blauen Himmel um dich herum auflösen.

Was bleibt, sind tiefe Ruhe und Frieden.

Auch deine Adlerflügel kommen zur Ruhe. Du schwebst nun hoch über der Landschaft, die Flügel weit ausgebreitet, und lässt dich tragen von der blauen Luft, vom Wind, vom Sonnenschein.

Frei und leicht ziehst du deine Kreise. Hier oben zu sein – zu fliegen –, frei zu sein, still zu sein, fühlt sich wunderbar an!

Und während du mit ausgebreiteten Flügeln hoch über der Landschaft schwebst, siehst du tief unter dir den Fluss:

Du siehst die Quelle in den Bergen, aus der er entspringt.

Du siehst den Fluss als jungen, fröhlich über die Felsen springenden Bergbach.

Du siehst ihn, wie er als Flüsschen durch ein liebliches, grünes Tal fließt.

Du siehst ihn, wie er anschwillt und breiter wird.

Du siehst ihn durch einen Sturm fließen und wild schäumend über die Ufer treten.

Du siehst ihn, wie er sich im warmen Sonnenschein wieder beruhigt, wie Kinder mit seinen Kieseln spielen und Frauen in ihm baden.

Du siehst ihn durch Städte fließen, die ihn vergiften ...

... und durch unberührte Natur, die ihn wieder reinigt.

Er fließt und fließt ... schlängelt sich durch Wiesen ... kämpft sich über Felsen ... tost durch Schluchten ... und kommt wieder zur Ruhe – immer wieder und wieder und wieder.

Und dann, weit hinten am Horizont, ergießt sich der Fluss, der so weit gereist ist und so viel erlebt hat, ins Meer.

Du schwebst am blauen Himmel, und mit deinen Adleraugen siehst du den Fluss am Horizont, wie er sich silberblau funkelnd in den Ozean ergießt – angekommen nach seiner langen

Reise. Und das Meer umarmt ihn und die Wellen tanzen: Der Fluss und das Meer feiern ein Fest der Freude. Und jede Erfahrung, die der Fluss auf seiner langen, langen Reise gemacht hat, jede gute Erfahrung und jede schlechte, wird zu einer neuen, glitzernden, tanzenden Welle auf dem ewigen Meer.

Und du, der Adler, kannst das Glück und die Freude von Fluss und Meer spüren. Du fühlst einen tiefen, inneren Frieden ... du fühlst Liebe und Verbundenheit ... und Einverstandensein ... und Ruhe.

Alles in dir ist einverstanden.
Alles in dir ist bejahende, glückselige Ruhe.

Und du genießt diese wunderbaren Gefühle – sie tragen und umhüllen dich: die Liebe, die Verbundenheit, das Einverstandensein, die Ruhe, die Glückseligkeit.

Bis du weißt, dass es Zeit ist, zur Erde zurückzukehren.

Und so bewegst du deine Flügel und fliegst hinab, langsam, aber stetig. Du fliegst hinab zu dem Fluss, an dem du vorhin gewandert bist, und du nimmst all die wunderbaren Gefühle mit hinunter auf die Erde.

Immer tiefer sinkst du, bis du am Boden aufsetzt und der Adler sich wieder von dir löst und du wieder ein Mensch bist, der am Ufer eines wilden Flusses entlangwandert.

Und du breitest deine Arme aus, und von ganzem Herzen dankst du dem Adler für diese Erfahrung ... und du dankst dem Himmel ... dem Fluss ... und dem Ozean.

Und dann nimmst du einen tiefen Atemzug – du atmest tief ein ... und kräftig aus – und mit einem Lächeln öffnest du deine strahlenden Augen.

Willkommen zurück!

5. Am Abend

Nach einem anstrengenden Tag fällt das Abschalten zuweilen schwer. Wir sind erschöpft und gleichzeitig unruhig, die gesamte Energie konzentriert sich im Kopfbereich. In diesem Zustand ist es kaum möglich, den ersehnten Feierabend zu genießen, denn die so dringend nötige Entspannung will sich auch auf dem Sofa einfach nicht einstellen.

Falls auch Sie solche Abende kennen, habe ich eine gute Nachricht für Sie: Sie sind diesem Feierabend-Tief nicht hilflos ausgeliefert! „Erdung" lautet hier das Zauberwort. Denn wenn wir uns erden, bringen wir unsere Energie vom Kopf in den Körper – und den müden, aber aufgedrehten Geist ganz sanft zur Ruhe.

Erreichen können Sie diese Erdung beispielsweise durch Sport. Wenn Sie also gerne joggen oder Yoga machen: *herzlichen Glückwunsch, damit tun Sie genau das Richtige!*

Sollte Ihr innerer Schweinehund seine Aufgabe allerdings sehr genau nehmen – hält er Sie also meist erfolgreich davon ab, die Sportschuhe zu schnüren oder die Matte auszurollen –, dann können Sie sich auch auf Ihr Meditationskissen setzen. Meine Meditation „*Geerdet wie ein Berg*“ wird Ihren Geist wunderbar beruhigen, vor allem, wenn Sie sie regelmäßig durchführen.

Nach einem stressigen Tag kann auch das Einschlafen zum Problem werden. Statt zufrieden ins Reich der Träume zu gleiten, grübeln gerade Hochsensible oft über den vergangenen (oder den kommenden) Tag nach: „Was ist heute alles passiert? Was habe ich vielleicht falsch gemacht? Wie war dieser Gesichtsausdruck meines Kollegen zu deuten, ist er sauer auf mich? Habe ich meiner Tochter geduldig genug ihre Hausaufgaben erklärt? Werde ich meine Aufgaben morgen wirklich alle schaffen?“ Und wenn das Gedankenkarussell sich erst einmal dreht, ist an Schlaf überhaupt nicht mehr zu denken …

Hierfür möchte ich Ihnen die Übung „*Gedanken schließen*“ ans Herz legen. Sie soll Ihnen dabei helfen, das Karussell konsequent zum Stehen zu bringen, sodass der Schlaf rasch kommen kann! Oder möchten Sie lieber ein Dankbarkeitstagebuch anlegen, um den Tag mit dem positiven Gefühl der Fülle abzuschließen statt mit Sorgen? Probieren Sie einfach aus, was Ihnen am besten hilft. Natürlich können Sie die Vorschläge aus diesem Kapitel auch gut miteinander kombinieren!

Sollten Ihre Schlafprobleme ernster sein, so lesen Sie sich bitte meine Impulse für den Umgang mit Schlafstörungen durch.

Wenn es um den Schlaf geht, haben nämlich oftmals schon kleine Veränderungen und Übungen eine große Wirkung!

Ich wünsche Ihnen einen schönen Feierabend und eine wunderbar erholsame Nacht.

Meditation:
Geerdet wie ein Berg

Nimm bitte eine aufrechte Meditationshaltung ein. Wenn du den ganzen Tag sitzen musstest, möchtest du nun vielleicht stehen; ansonsten setze dich auf dein Meditationskissen oder auch aufs Sofa. Wenn nötig, lehne dich an.

Nimm einige tiefe Atemzüge. Atme durch die Nase ein und durch den Mund aus. Du kannst beim Ausatmen auch seufzen. Lass alle Anspannung los.

Stelle dir nun vor, du bist ein hoher, unerschütterlicher Berg. Dein Gipfel ragt in den blauen Himmel. Doch zugleich bist du untrennbar mit der Erde unter dir verbunden.

Fest und sicher ruhst du, der mächtige Berg, auf Mutter Erde, die dich trägt und beschützt.

Und jedes Mal, wenn du einatmest, strömt die Energie der Erde in dich hinein, strömt aufwärts bis in den Gipfel, aufwärts bis in deinen Kopf, bis hoch zum Scheitel.

Und jedes Mal, wenn du ausatmest, strömt die Energie wieder hinab – vom Kopf über den Hals in die Wirbelsäule … das

Becken ... die Beine ... die Füße – und du gibst sie zurück an die Erde, die dich trägt.

Du atmest die Energie der Erde ein – und sie strömt aufwärts bis zu deinem Scheitel.

Du atmest aus – und die Energie fließt hinab, bis du sie wieder abgeben kannst an die Erde, die dich trägt.

So atmest du weiter, und jeder Atemzug verbindet dich noch stärker, noch unverbrüchlicher mit der Erde unter dir.

Du bist ein unerschütterlicher Berg.

Und dann, ganz langsam, öffnest du deine Augen. Dein Blick ist noch weich – du bist zugleich im Innen und im Außen.

Und dann wird dein Blick klar – und du bist wieder ganz im Hier und Jetzt: Du fühlst dich geerdet, stark und ruhig!

Schreibübung:
Dankbarkeitstagebuch

Schaffen Sie sich ein schönes Notizbuch an und legen Sie es neben dem Bett bereit. Schreiben Sie von nun an jeden Abend vor dem Einschlafen in dieses Büchlein, wofür Sie an diesem Tag dankbar waren. Das können große oder kleine Dinge sein: das fröhliche Lachen Ihres Kindes und das plötzliche Hervorbrechen der Sonne gehören ebenso ins Dankbarkeitstagebuch wie die Gehaltserhöhung oder ein erfolgreich abgeschlossenes Projekt. Schreiben Sie allabendlich mindestens drei Dinge auf.

Nach oben hin gibt es natürlich keine Grenze!

Lassen Sie das abendliche Schreiben ins Dankbarkeitstagebuch zu einer lieben Gewohnheit werden. Tragen Sie wirklich jeden Abend mindestens drei Dinge in Ihr Büchlein ein! An ganz schlechten Tagen kann das auch mal die Dankbarkeit darüber sein, dass Sie sich für fünf Minuten neutral fühlten statt furchtbar – die Messlatte liegt wirklich nicht hoch! Vielmehr geht es darum, allmählich ein Bewusstsein dafür zu entwickeln, wie unendlich viele Gründe für Dankbarkeit es in jedem Leben gibt.

Ihre Anlässe, dankbar zu sein, dürfen sich selbstverständlich auch wiederholen: Wenn Sie Tag für Tag dafür dankbar sind, dass Ihr Haustier Sie so sehr liebt, dann schreiben Sie das ruhig Tag für Tag in Ihr Dankbarkeitstagebuch! Wichtig ist aber, dass Sie nicht irgendetwas schreiben, nur um der Pflicht Genüge zu tun. Lassen Sie Ihren Tag in Ruhe Revue passieren – vielleicht haben Sie ja gerade heute einen kurzen, aber wunderschönen Moment erlebt, der es unbedingt verdient, aus dem Strudel des Vergessens gerissen zu werden?

Mit der Zeit werden Sie merken, wie wohl es tut, jeden Tag mit einem Gefühl der Dankbarkeit abzuschließen. *Ich wünsche Ihnen viel Freude dabei!*

Übung vor dem Zubettgehen: *Gedanken schließen*

Setzen Sie sich gemütlich aufs Sofa, vielleicht mit einer Tasse Tee, und lassen Sie den Tag bewusst Revue passieren. Erinnern Sie sich an alles Schöne, das Ihnen heute widerfahren ist. Aber lassen Sie auch die unangenehmen Gedanken zu, die jetzt womöglich nach Beachtung rufen.

Setzen Sie sich einen ausreichenden, aber möglichst knappen Zeitrahmen für diese Rückschau, zum Beispiel fünf Minuten.

Und nach diesen fünf Minuten ist Schluss! Sie fahren sozusagen Ihren inneren Computer herunter. Bei allem, was Sie jetzt noch belastet, bei jedem Gedanken, der einfach nicht verschwinden will, sagen Sie sich innerlich: „Schließen!", als würden Sie eine Datei auf dem Computer schließen.

Ein Gedanke steigt auf – „schließen". Eine Sorge galoppiert heran – „schließen". Ein Problem schleicht sich an – „schließen".

Ganz unaufgeregt und sachlich schließen Sie auf diese Weise einen Gedanken nach dem anderen.

Es macht nichts, wenn das Ganze etwas länger dauert. Setzen Sie sich nicht unter Druck, sondern fahren Sie einfach gelassen damit fort, einen Gedanken nach dem anderen wahrzunehmen ... und bewusst zu schließen.

Alternativ können Sie sich auch sagen: „Speichern und schließen!" Das kann Ihnen ein Gefühl der Sicherheit verleihen, denn so geht nichts, was Ihnen wichtig erscheint, verloren; es darf am nächsten Tag in aller Ruhe wieder angeschaut werden. Für den Abend und die Nacht aber bleibt es geschlossen, denn in Ihrem Schlaf hat es nichts zu suchen! Alles hat seine Zeit.

Führen Sie die Übung so lange durch, bis Ihre Gedanken merklich zur Ruhe gekommen sind.

Sollten Sie sich später im Bett trotzdem noch unruhig fühlen, dann machen Sie am besten eine körperliche Entspannungsübung im Liegen. Sehr gut eignet sich hier der *Bodyscan*, den ich Ihnen in *Kapitel 8* vorstelle.

Impulse *für den Umgang mit Schlafstörungen*

Falls Sie abends nicht einschlafen können oder zwar einschlafen, aber nach kurzer Zeit bzw. mitten in der Nacht wieder aufwachen, kennen Sie das bestimmt: den verzweifelten Wunsch, endlich Schlaf zu finden, und die angespannte Sorge um den nächsten Tag. Unruhig wälzt man sich von einer Seite auf die andere, gefühlt stundenlang, bis die Gedanken des übermüdeten Gehirns regelrecht Amok laufen: „Werde ich morgen leistungsfähig sein, wenn ich heute Nacht nicht schlafen kann? Was ist bloß los mit mir? Was, wenn das mit diesen Schlafstörungen nächtelang so weitergeht? Was, wenn ich nie wieder gut schlafen kann?!“

Hält die Schlafstörung nur für eine oder wenige Nächte an, sind solch düstere Gedanken rasch wieder vergessen. Ist das Wachliegen jedoch zum nächtlichen Dauerzustand geworden, bedeutet dies sowohl psychisch als auch körperlich eine extreme Belastung! Es ist deshalb wichtig, Schlafstörungen einerseits nicht sofort zu dramatisieren, denn Angst ist ein zuverlässiger Schlaf-Killer. Andererseits aber sollten wir Schlafstörungen auch nicht einfach aussitzen. Denn wenn sie sich erst einmal verselbstständigt haben, ist es viel schwieriger ihnen beizukommen, als wenn wir beizeiten kleine, doch wirksame Maßnahmen ergreifen! Oft reichen diese nämlich bereits aus, um nachts wieder zur Ruhe zu kommen.

Einige dieser Maßnahmen möchte ich Ihnen im Folgenden vorstellen.

Wie der Tag, so die Nacht

Besonders anfällig ist unser Schlaf bei Dauerstress. Dabei bräuchten wir eine erholsame Nachtruhe in solchen Zeiten doch eigentlich besonders dringend! Hier gilt jedoch der Spruch: Wie der Tag, so die Nacht. Wenn wir also am Tag unter Dauerstrom stehen, werden wir es abends deutlich schwerer haben, rasch in einen guten Schlaf zu finden. Der Schlafforscher Jürgen Zulley erklärt hierzu: „Das Gegenteil von Stress ist Schlaf. Beides schließt sich gegenseitig aus. Wenn unser Leistungssystem auf Hochtouren läuft, können wir nicht schlafen, und wenn wir schlafen, ist unser Leistungssystem unten. Der Schlaf ist eine Ruhepause, um ‚abzuschalten' und mit den Belastungen des

Tages fertig zu werden. Dabei hilft uns nicht nur der Nachtschlaf, sondern auch Pausen am Tage, idealerweise die intensivste Pause – ein Mittagsschlaf."[19]

Hochsensible Menschen, die unter ständiger Überreizung leiden und sich keinen Ausgleich zu ihrem Stress gönnen, werden also eher mit Schlafproblemen zu kämpfen haben als Hochsensible, die auf einen ausgeglichenen Wechsel von Anspannung und Entspannung, von Stress und Erholung achten. Deshalb: Möchten Sie bessere Nächte haben, so kümmern Sie sich bitte zuallererst um gute Tage! Sorgen Sie aktiv für Ruhepausen, meditieren Sie regelmäßig, nutzen Sie die Übungen und Anregungen aus diesem Buch, führen Sie die Routine eines kleinen Mittagsschlafs ein. Letzterer braucht übrigens gar nicht lang zu sein: Fünfzehn Minuten reichen oft schon aus, um einmal „kurz weg" zu sein und dabei erstaunlich gut zu regenerieren! Falls Ihnen das fürs Büro unpraktikabel vorkommt, seien Sie bitte erfinderisch und geben dem Projekt Mittagsschlaf trotzdem eine Chance – nehmen Sie sich eine Isomatte mit oder dösen Sie zur Not für ein paar Minuten an Ihrem Schreibtisch, indem Sie einfach den Kopf auf Ihre Arme legen. Hier gilt: Alles ist besser als nichts![20]

---

19 Jürgen Zulley, Mein Buch vom guten Schlaf. Endlich wieder richtig schlafen (München 2010), S. 189 f.

20 Anmerkung: Bei schweren und schon länger anhaltenden Schlafstörungen sollte man untertags nicht schlafen, da dies den Schlafdruck am Abend verringert. In solch schweren Fällen möchte ich Sie dazu ermutigen, sich professionelle Unterstützung zu suchen, am besten eine*n Mediziner*in mit Kenntnissen und Erfahrung auf dem Gebiet der Schlafstörungen.

Freude statt Sorgen

Meist sind es sorgenvolle Gedanken, die uns nachts wachhalten. Wenn Sie sich also dabei ertappen, dass Sie grübelnd an die dunkle Zimmerdecke starren, versuchen Sie doch einmal gegenzusteuern: Beschäftigen Sie sich geistig aktiv mit etwas Schönem! Das kann die Erinnerung an glückliche Momente des vergangenen Tages sein, die Vorfreude auf das leckere Frühstück, aber auch die intensive Vorstellung, wie Sie Ihr Kind umarmen, mit Ihrem oder Ihrer Liebsten plaudern, Ihr Haustier streicheln. Diese Hinwendung zum Angenehmen senkt nämlich Ihr Stresslevel und bringt Geist und Körper zur Ruhe.

Seien Sie dabei aber bitte nicht ungeduldig und lösen Sie sich von der Fixierung aufs Einschlafen. Sie müssen nicht einschlafen, Sie sollen sich bloß wohlfühlen! Diese Einstellung nimmt den Druck aus der Situation, sodass Sie wie von selbst in den Schlaf gleiten werden.

Weniger schlafen

Ja, Sie haben richtig gelesen: Statt Ihrer (aus den Schlafstörungen resultierenden) bleiernen Müdigkeit bereits um neun Uhr abends nachzugeben und sich ins Bett zu verkriechen, bleiben Sie bitte wach. Denn aus der Schlafmedizin wissen wir, dass viele Menschen ihren Schlafbedarf schlichtweg überschätzen und nur deshalb mit Schlafstörungen zu kämpfen haben, weil sie zu viel Zeit im Bett verbringen!

Sie möchten nicht neun Stunden lang mehr oder weniger wach liegen, sondern sechs Stunden tief und fest schlafen?

Dann gehen Sie um elf Uhr abends ins Bett und stellen Sie den Wecker auf fünf. Bleiben Sie konsequent nur so lange im Bett, wie Sie es sich vorgenommen haben, egal, wie lange Sie nachts wach gelegen haben! Halten Sie das eine Zeit lang durch … und irgendwann werden Sie merken, dass Sie um elf wie ein Stein ins Bett fallen und nichts und niemand Sie vor dem Klingeln des Weckers wach bekommt!

Wenn Sie Ihre Schlafprobleme auf diese Weise in den Griff bekommen haben und sich wieder aufs Bett freuen, statt Angst vor der Nacht zu haben, können Sie die Schlafzeiten langsam wieder ausdehnen, bis Sie dauerhaft genau so viel Schlaf bekommen, wie Sie benötigen.

Auf eine gute Schlafhygiene achten

Gerade Hochsensible sind gut damit beraten, die üblichen Regeln der Schlafhygiene zu beachten. Der oder die Liebste kann im Bett noch schnell die letzten Nachrichten auf dem Smartphone lesen und danach ruckzuck einschlafen? Glückwunsch – aber Sie als Hochsensible*r können das mit ziemlicher Sicherheit nicht! Ebenso wenig, wie Sie nachts gut schlafen können, wenn Sie tagsüber regelmäßig im Bett am Laptop arbeiten, wenn ein Fernseher im Schlafzimmer steht oder wenn Ihr Bauch rumort, weil Sie eine halbe Stunde zuvor ein üppiges Abendessen verdrückt haben.

Eigentlich ist es ganz einfach: So, wie Sie als Hochsensible*r tagsüber auf Ihre besonderen Bedürfnisse achten sollten, sollten Sie das auch abends und nachts tun. Errichten Sie nicht selbst die Hindernisse, die Sie vom Schlafen abhalten, sondern machen Sie es sich leicht! Überlegen Sie, was Sie abends noch aufregt, und ändern Sie es; spüren Sie in sich hinein, was Sie an Ihrer Schlafumgebung stört, und ändern Sie es; reflektieren Sie, was Ihnen im Schlafzimmer oder Bett körperliches Unbehagen bereitet, und ändern Sie es.

Zu Ihrer persönlichen Schlafhygiene sollten zudem gehören:

- *eine ruhige, ausreichend dunkle Umgebung*
- *eine angenehme, eher kühle Raumtemperatur*
- *frische Luft (durch Stoßlüften oder ein gekipptes Fenster)*
- *gleichbleibende Rituale vor dem Zubettgehen, zum Beispiel allabendlich in einem nicht zu aufregenden Buch lesen, allabendlich Tagebuch schreiben, allabendlich meditieren oder beten o. Ä.*
- *nichts anderes im Bett tun als schlafen, lesen und lieben. Niemals im Bett arbeiten!*
- *nichts im Schlafzimmer stehen haben, das an Pflichten erinnert: keinen Schreibtisch, keinen PC, keine vollen Wäschekörbe …*
- *Handy, Telefon und Fernseher aus dem Schlafzimmer verbannen*
- *abends nur etwas Leichtes essen*
- *auf eine angenehme Luftfeuchtigkeit achten, vor allem während der Heizperiode*
- *genügend Platz im Bett*

- *eine gute Matratze*
- *besonders wichtig bei Neigung zu Nackenschmerzen: ein gutes Kissen*
- *und schließlich eine Umgebung, in der Sie sich wohlfühlen und entspannen können. Möbel, Bilder etc. sollten weder lieblos zusammengestellt noch hauptsächlich schick sein. Sie sollten Ihnen entsprechen, Ihre persönliche Oase sein, in der Sie sich seelisch fallen lassen können!*

Oft reichen kleine Veränderungen wie die hier vorgestellten schon aus, um wieder zu einer normalen Nachtruhe zu finden. Probieren Sie aus, was Ihnen hilft, und seien Sie bitte – auch wenn dies beim Thema Schlaf mitunter sehr schwerfällt – geduldig mit sich!

Falls Ihre Schlafstörungen jedoch über mehrere Wochen oder Monate anhalten und sich durch Selbsthilfe nicht beheben lassen, möchte ich Sie ermutigen, sich an Ihre Ärztin oder Ihren Arzt zu wenden, gegebenenfalls auch an ein Schlaflabor (siehe Anhang).

Ich wünsche Ihnen gute, erholsame Nächte!

6. Vor aufregenden und potenziell überwältigenden Situationen

Wenn eine wichtige Aufgabe vor Ihnen liegt, die Ihnen Bauchschmerzen bereitet; wenn Sie an Ihrer eigenen Stärke und Standhaftigkeit zweifeln, weil Sie in Meetings immer nervös sind und sich von Ihren Kollegen unterbuttern lassen; wenn Sie schrecklich aufgeregt sind, weil Ihnen ein wichtiges Vorstellungsgespräch, ein unangenehmer Termin in der Schule Ihrer Kinder oder eine schwierige Präsentation vor vielen Menschen bevorsteht ... dann habe ich hier einige wundervolle, stärkende Übungen für Sie!

Für die Schreibübung *„Heldenreise"* benötigen Sie etwas Zeit, führen Sie sie also am besten am Vorabend des belastenden Ereignisses durch. Diese schöne Übung hat den großen Vorteil, dass sie lange nachwirken kann. Holen Sie sich schreibend das Gefühl von Stärke und Kraft zurück, das tief in Ihnen schlummert und nur darauf wartet, endlich aufgeweckt zu werden!

Die Visualisierung *„Meine schützende Hülle"* hingegen kann und sollte kurz vor der aufregenden Situation durchgeführt werden. Beim ersten Mal sollten Sie sich dafür einige Minuten länger reservieren als später, wenn Sie die Übung schon kennen, denn Sie werden wahrscheinlich einige Atemzüge lang brauchen, um sich für eine der Farben zu entscheiden, die ich Ihnen anbiete. Wenn Sie die Übung einige Male durchgeführt haben, mit den Qualitäten der verschiedenen Farben schon vertrauter sind und auch die Vorstellung einer schützenden Hülle normal für Sie geworden ist, braucht diese Visualisierung nicht mehr viel Zeit. Oft reichen dann sogar schon zwei oder drei Minuten aus. So kann die Übung zu einem wertvollen Helfer für Sie werden, der umso machtvoller wird, je öfter Sie mit ihm arbeiten.

Und probieren Sie doch auch einmal aus, wie Ihre Haltung Ihre Stimmung beeinflusst! Mit der Körperübung *„Stark, stolz und selbstbewusst"* gebe ich Ihnen ein paar Impulse dafür.

So, wie Sie vor einer aufregenden Situation von einem mitfühlenden Freund profitieren, der vielleicht Ihre Hand hält, Ihnen ermutigend auf die Schulter klopft oder Sie mit Worten aufmuntert, können Sie auch davon profitieren, wenn Sie sich diese Unterstützung selbst geben. Seien Sie Ihre eigene Freundin, Ihr eigener Freund, und stärken Sie sich selbst den Rücken! Die letzte Übung dieses Kapitels soll Ihnen hierbei helfen.

Alles Gute, und nicht vergessen: Sie schaffen das!

Schreibübung: *Heldenreise*

Lesen Sie sich die folgende kurze Beschreibung der klassischen Heldenreise durch und blicken Sie dabei auf ein Ereignis in Ihrem Leben zurück, von dem Sie denken, dass Sie es recht gut gemeistert haben. Das kann die Geburt und Erziehung eines Kindes sein, eine berufliche Herausforderung, ein Umzug in die Fremde, aber auch ein Schicksalsschlag, nach dem Sie es geschafft haben, wieder aufzustehen. Welche Elemente der klassischen Heldenreise erkennen Sie in diesem persönlichen Ereignis wieder? Machen Sie sich bitte Stichworte dazu.

Die Heldenreise

- *Der Ruf: Am Anfang ereilt den Helden / die Heldin der Ruf zu einem Abenteuer. Doch er / sie folgt dem Ruf meist nicht sofort, sondern zögert oder verweigert sich ganz.*

Ihre Stichworte: *Wo und wann haben Sie einen solchen Ruf gehört? Sind Sie ihm sofort gefolgt? Falls nicht, warum und für wie lange haben Sie sich verweigert?*

- *Schließlich begibt der Held / die Heldin sich doch auf die Reise, denn der Ruf ist unbezwingbar.*

Ihre Stichworte: *Wann sind Sie, symbolisch gesprochen, auf Ihre abenteuerliche Reise aufgebrochen? Wie sah Ihr Aufbruch ganz konkret aus?*

- *Auf der Reise begegnen dem Helden / der Heldin viele Prüfungen und Gefahren. Eine Heldenreise, die völlig unproblematisch verläuft, gibt es nicht – ebenso wenig wie ein Leben, das keinerlei Herausforderungen an uns stellt. Eine Heldenreise ist stets spannend!*

Ihre Stichworte: *Welche Prüfungen, Gefahren und Herausforderungen wurden Ihnen auf Ihrer Reise gestellt?*

- *Manches kann der Held/die Heldin angesichts der Übermacht der Feinde beim besten Willen nicht alleine meistern. Doch zum Glück trifft er/sie genau zum richtigen Zeitpunkt eine Helferin, einen Lehrer oder eine Unterstützerin.*

Ihre Stichworte: *Was haben Sie alleine nicht geschafft? Welche Person oder welches Ereignis hat Ihnen glücklicherweise geholfen?*

- *Der Held/die Heldin wächst an den Herausforderungen der Reise. Und obwohl es zeitweise so aussah, als würde er/sie scheitern, schafft er/sie es schließlich doch, die persönliche Mission siegreich zu Ende zu führen.*

Ihre Stichworte: *Wann fürchteten Sie, zu scheitern? Wie haben Sie am Ende doch noch den Sieg davongetragen?*

- *Der Held/die Heldin ist nun nicht mehr die Person, die er/sie vor dieser Reise war. Manchmal kehrt er/sie zurück in die Heimat und hilft mit seinen/ihren Erfahrungen anderen Menschen. Manchmal ist es aber auch Zeit für den Helden/die Heldin, sich eine neue Heimat zu suchen, eine neue Aufgabe, ein neues Ziel.*

Ihre Stichworte: *Wie haben Sie sich durch das, was Sie auf Ihrer Reise gemeistert haben, verändert? Welche Konsequenzen haben Sie daraus gezogen oder werden Sie noch ziehen?*

Und nun lassen Sie Ihrer Kreativität bitte freien Lauf: Verfassen Sie mithilfe der Stichworte, die Sie aufgeschrieben haben, eine möglichst spannende Geschichte – Ihre ganz persönliche

Helden-Story! Schwelgen Sie dabei im Abenteuer, beschreiben Sie die Ereignisse extrem gefühlvoll, farbig, dramatisch, episch … und falls Ihnen das peinlich sein sollte, rufen Sie sich bitte in Erinnerung, dass diese Geschichte für niemanden geschrieben wird als für Sie allein. Sie müssen sie keinem Menschen zeigen, wenn Sie das nicht wollen!

Schreiben Sie bitte in der 3. Person, also „sie" oder „er" statt „ich". Das stellt eine gewisse Distanz her und erlaubt es Ihnen, Hemmungen und falsche Bescheidenheit fallen zu lassen, die sich dem Schreibfluss ansonsten vielleicht entgegenstellen würden.

Ganz wichtig: Diese Geschichte ist eine Heldenreise – sie endet also unbedingt gut! Lassen Sie einen starken, siegreichen Geist durch Ihre Erzählung wehen und schreiben Sie genau die Geschichte, die Sie selbst gern lesen würden, wenn Sie Erbauung und Zuversicht bräuchten.

Und schließlich tun Sie eben das: Lesen Sie Ihre wunderbare Heldenreise durch, zittern und bangen Sie mit Ihrer Hauptperson und bejubeln Sie am Ende ihren Triumph. Ihre Hauptperson hat trotz aller Widrigkeiten gesiegt. Sie selbst haben gesiegt! Sie sind dieser Held, diese Heldin.

Und Sie besitzen alles, was nötig ist, um den Rufen Ihres Lebens zu folgen!

Visualisierung:
Meine schützende Hülle

Nimm eine aufrechte und bequeme Sitzhaltung ein. Schließe die Augen und atme einige Male tief durch. Komm ganz bei dir selbst an.

Stelle dir nun bitte vor, dass dein Körper rundum von einer unsichtbaren Hülle umgeben ist. Da du hochsensibel bist, ist diese Hülle durchlässig und zart wie ein transparenter Schleier, der beinahe alles hindurch lässt.

Diese Beschaffenheit deiner unsichtbaren Hülle kann sich wunderbar anfühlen! Denn angenehme Düfte, schönes Licht, liebevolle Berührungen, positive Schwingungen erreichen dich nahezu ungefiltert, was dich in vielen Situationen sehr glücklich machen kann.

Hier und jetzt aber, wo dir eine Situation bevorsteht, in der du das Bedürfnis hast, dich zu schützen, fühlt sich diese zarte, unsichtbare Hülle nicht sicher genug an. Deshalb machst du dich nun daran, sie dichter, fester und stärker zu machen – und das wird dir auch im Handumdrehen gelingen!

Stelle dir also nun vor, dass die Struktur deiner Hülle sich wie von Zauberhand verdichtet.

Alle großen und kleinen Öffnungen schließen sich.

Alles Zarte wird fest.

Alles Flatternde, Wehende wird standhaft, ganz so, als verwandele sich dein Schleier in eine schützende, wehrhafte Schale, die nichts, absolut gar nichts, zu dir hineinlässt, was dir nicht gefällt.

Und diese neue, schützende Hülle ist nicht mehr transparent, sondern trägt eine Farbe! Eine Farbe, die dich genau so unterstützt, wie du es jetzt gerade brauchst:

- *Möchtest du in der Situation, in die du gleich gehst, Optimismus verspüren? Dann kannst du deiner Hülle die Farbe Orange verleihen.*
- *Möchtest du Leichtigkeit und zugleich Gelassenheit fühlen? Dann verleihe deiner Hülle ein warmes, heiteres Sonnengelb.*
- *Möchtest du dich stark, mutig und energiegeladen fühlen? Dann ist deine Hülle am besten leuchtend rot.*
- *Oder möchtest du vor allem eine Distanz zu unangenehmen Menschen herstellen? Dann könnte deine Hülle von einem kühlen Hellblau sein – schön und undurchdringlich wie Eis!*
- *Vielleicht möchtest du aber auch einfach nur weniger aufgeregt sein und stattdessen klar und wach in deiner Mitte ruhen? Dann sollte deine Hülle von einem tiefen, dunklen, satten Blau sein.*

Halte die Augen weiterhin geschlossen und spüre in dich hinein, welche Farbe jetzt, in dieser Situation, am besten für dich passt. Gib dir dafür einige Atemzüge lang Zeit. Vielleicht sind es auch mehrere Farben, die du jetzt brauchst, zwei oder drei ... oder sogar alle Farben? Das ist genauso möglich, es ist ja deine Hülle, dein ganz persönlicher Schutz!

Und jetzt spürst du auch, wie diese farbige Hülle ihre spezifische Qualität auf dich überträgt: wie du stärker wirst … oder energiegeladener … oder ruhiger und kühler … oder heiterer und gelassener – was auch immer du dir für diese bestimmte Situation wünschst.

Du spürst, wie die Qualität der Schutzhülle in dich eindringt und dich erfüllt.

Du spürst, wie nun alles in dir geschützt und vollkommen sicher ist.

Und mit diesem wunderbaren Gefühl wirst du in die Situation hineingehen, furchtlos und ruhig!

Also öffne deine Augen, schenke dir selbst ein zuversichtliches Lächeln und geh los!

Körperübung:
Stark, stolz und selbstbewusst

Führen Sie diese Übung bitte im Stehen durch und sorgen Sie dafür, dass Sie unbeobachtet sind. Ein Ganzkörperspiegel kann hilfreich sein, ist aber nicht unbedingt nötig.

Stellen Sie sich vor, Sie seien ein*e Schauspieler*in und hätten die Hauptrolle in einem Actionfilm. Der Film ist fast zu Ende und Sie haben soeben den mächtigen Bösewicht besiegt. Es war schwierig, beinahe wären Sie gescheitert, aber zuletzt haben Sie all Ihre Kräfte mobilisiert und den großen Kampf gewonnen! Nach der Anspannung, nach der schrecklichen Angst zu versagen, sind Sie nun zutiefst erleichtert. Sie haben es geschafft: Sie sind über sich selbst hinausgewachsen und haben alle Schwierigkeiten überwunden! Und als Sie jetzt den Menschen entgegentreten, die Ihnen dankbar zujubeln, weil Sie allein sie gerettet haben, fühlen Sie sich geradezu euphorisch:

Wie eine riesige, warme Welle überflutet Sie das Glück.
Das Bewusstsein Ihrer eigenen Stärke.
Der Stolz auf sich selbst.

Das Wissen um Ihre ureigenen Kräfte, ein Wissen, das Ihnen nach diesem Erlebnis, diesem Sieg niemand mehr nehmen kann.

Und nun lassen Sie Ihren Körper diese Empfindungen spiegeln! Drücken Sie mit Ihrer Kopfhaltung, Ihrem Blick, Ihren Schultern, Ihrem Rücken, Ihren Händen, Ihrem Stand genau das aus: *Glück, Stärke, einen gesunden Stolz, ein unerschütterliches Selbstbewusstsein.*

Vielleicht haben Sie ein wenig das Kinn gehoben? Vielleicht lächeln Sie? Vielleicht stehen Sie breitbeiniger oder fester und aufrechter da als sonst?

Lassen Sie zu, dass Sie jetzt, in diesem Moment, ein heldenhafter Mensch sind, von Kopf bis Fuß erfüllt vom Glauben an die eigene Unüberwindbarkeit! Werden Sie sich bewusst, wie sich das anfühlt, spüren Sie diesen (wahrscheinlich) ungewöhnlichen Empfindungen nach. Schämen Sie sich bitte nicht dafür! Sondern entdecken Sie mit Freude und Neugier, wie Ihre neue Körperhaltung ganz allmählich Ihre Stimmung, Ihr Bild von sich selbst beeinflusst. Sie müssen nicht immer demütig und bescheiden sein. Sie dürfen sich gut gefallen, wenn Sie sich ein selbstbewusstes Lächeln schenken!

Führen Sie diese Übung so lange fort, wie Sie mögen, mindestens aber so lange, bis Sie die Heldin, den Helden in sich wenigstens ansatzweise gespürt haben. Verwahren Sie diese Empfindung gut in Ihrem Herzen!

Und wenn Sie sich dann einer realen Herausforderung stellen müssen, wenn Sie sich wieder einmal überfordert fühlen oder Ihre Grenzen verletzt werden, dann greifen Sie auf die Erfahrungen zurück, die Sie mit dieser Übung gemacht haben: Heben Sie Ihr Kinn ein Stück, straffen Sie Ihre Schultern, schenken Sie sich innerlich ein Lächeln. Sie werden sehen, wie anders Sie sich fühlen und um wie viel souveräner Sie agieren können, wenn Sie sich selbst mit einer starken, selbstbewussten Körperhaltung unterstützen.

Achtsames Selbstmitgefühl:
Ein Freund an meiner Seite

Manchmal ist es wichtig, einfach jemanden an der Seite zu haben, der die Aufregung oder Nervosität vor einer schwierigen Situation mit einem teilt. Seien Sie sich doch einmal selbst dieser Mensch! Mithilfe der nachfolgenden Übung, inspiriert vom Programm des Achtsamen Selbstmitgefühls (MSC), ist das gar nicht schwer. [21]

Setzen Sie sich also auf Ihr Meditationskissen oder legen Sie sich hin und schließen Sie Ihre Augen. (Um Ihre Entspannung zu fördern, werde ich nun wieder zum „Du“ übergehen.)

Stelle dir bitte vor, an einem äußerst angenehmen Ort zu sein, einem Ort, der in jeder Hinsicht so beschaffen ist, wie du es magst. Das kann ein Platz in der Natur sein, aber auch ein schön eingerichtetes, warmes Zimmer. Mache es dir in Gedanken so richtig gemütlich. Fühle die Sicherheit, die dieser Ort dir vermittelt. Du weißt genau: *Hier kann dir nichts passieren!*

Du freust dich schon, denn gleich wirst du einen Freund empfangen. [22] Dieser Freund ist dir absolut wohlgesonnen, er

---

[21] Diese Übung eignet sich übrigens für sehr viele Situationen gut! Führen Sie sie gern auch durch, wenn Sie gerade eine schwierige Zeit durchmachen, bei Krankheit, wenn Sie einmal traurig sind o. Ä.

[22] Um die Übung lesbar zu halten, verwende ich hier ausnahmsweise nur die männliche Form; ersetzen Sie sie gerne durch die weibliche, wenn Ihnen das lieber ist.

akzeptiert und schätzt dich genau so, wie du bist. Es kann sich bei diesem Freund um einen Menschen handeln, aber auch um ein geliebtes Haustier, eine spirituelle Persönlichkeit, einen Schutzengel oder ein anderes Lichtwesen.

Du spürst, dass dieser mitfühlende Freund nun ganz nahe ist … und du öffnest bewusst den Raum für ihn. Lass deinen Freund in deinen sicheren Ort eintreten, heiße ihn willkommen! Setze dich mit ihm gemeinsam hin, in einem Abstand, der dir angenehm ist, und genieße in Ruhe, mit stiller Freude, seine Anwesenheit.

> Vielleicht möchte dein Freund dir nun etwas sagen.
> *Was könnte das sein?*
> Oder möchte er eher etwas von dir hören?
> *Was könnte das sein?*

Nimm dir bitte Zeit dafür, zu lauschen – auf die Worte deines mitfühlenden Freundes oder auf deine eigenen. Strenge dich dafür aber nicht zu sehr an: Wenn es nichts zu hören oder zu sagen gibt, ist dies ebenfalls vollkommen in Ordnung! Genieße dann einfach weiter die liebevolle, annehmende, mitfühlende Präsenz deines Freundes.

Wenn du spürst, dass es allmählich Zeit für den Abschied wird, öffne bitte die Hände. Dein Freund legt etwas hinein, eine ganz besondere Gabe: ein Geschenk, das für dich persönlich, in deiner speziellen Situation, hier und heute wichtig ist. Bedanke dich bei deinem Freund und betrachte sein Geschenk.

Welche Bedeutung hat es für dich?
Warum ist es für dich wichtig?
Wie kann es dir helfen?

Nimm dir auch hierfür wieder ausreichend Zeit. Wenn du nicht sofort erkennen kannst, welche Gabe dein Freund dir geschenkt hat, ist das nicht schlimm. Erzwinge nichts, das Bild wird wie von selbst auftauchen! Und wenn es heute gar nicht auftaucht, ist auch dies in Ordnung.

Verabschiede dich jetzt von deinem Freund. Vielleicht willst du ihn auch umarmen. Du weißt, dass dein Freund zwar geht, dass er aber jederzeit bereit ist wiederzukommen; wann immer du ihn brauchst, wird er dich an deinem sicheren Ort besuchen.

Verweile noch ein bisschen und spüre nach: *der Anwesenheit deines Freundes, seinen Worten, deinen eigenen Worten, dem Geschenk.*

Und wenn du dann zurückkehrst und die Augen öffnest, tue dies im Bewusstsein, dass auch du jederzeit wiederkommen kannst – an deinen sicheren Ort, zu deinem mitfühlenden Freund, der dich niemals verlassen wird.

7. Für schwierige Zeiten

In jedem Leben gibt es Zeiten, die eine hohe Belastung mit sich bringen. Und manchmal dauern diese Zeiten länger an, als es uns lieb ist: Nicht jedes Problem lässt sich auf die Schnelle lösen, nicht jede folgenreiche Entscheidung kann innerhalb von Tagen getroffen werden.

Für diese schwierigen Phasen, durch die wir manchmal leider einfach durchmüssen, habe ich Ihnen die folgenden Übungen zusammengestellt.

Mit der Schreibübung „*Friede und Stille*" können Sie sich Ihre Sorgen und Kümmernisse nicht nur von der Seele schreiben, sondern sie zudem segnend transformieren. Inspirieren lassen Sie sich dabei von Plotin, einem antiken Mystiker und Philosophen.

Ans Meer führt Sie meine Meditation „*Licht und Duft*", die das Symbol des goldenen Lichtes nutzt, um Ihnen Ruhe zu bringen und um seelische Heilung anzustoßen.

Mit der Übung „*Liebevoll zu mir selbst*" können Sie lernen, sich und Ihre Situation mit mehr Verständnis zu betrachten, mitfühlend mit sich selbst zu sein und sich bewusst Gutes zu wünschen. In schwierigen Zeiten sollte diese Übung am besten jeden Tag durchgeführt werden.

Und schließlich dürfen Sie mit der Reflexion „*Secondhand-Stress erkennen und entschärfen*" noch einen Blick auf den passiven Stress werfen, dem Sie möglicherweise gerade ausgesetzt sind. In ohnehin schon anstrengenden, belastenden

Zeiten können Sie diesen nämlich noch weniger brauchen als sonst. Deshalb möchte ich Ihnen die Reflexion sehr ans Herz legen!

Schreibübung:
Friede und Stille

Von jeder Arglist und Geschäftigkeit befreit,
möge meine Seele sich im Schweigen sammeln
und sich in die Betrachtung des Göttlichen versenken!

Beruhigt sei mein Leib in dieser Stunde,
befriedet sei der Kampf der Welt.
Göttlicher Friede senke sich auf alles – nah und fern.
Friede und Stille senke sich auf die Erde, Luft und Meer ...

Plotin (etwa 204 – 270 n. Chr.) [23]

Lesen Sie sich das Gedicht des Mystikers und Philosophen Plotin einige Male in Ruhe durch. Versuchen Sie, sich einzufühlen in den Geist, in dem es geschrieben wurde.

Führen Sie Plotins Gedicht dann fort, indem Sie allem, was Sie belastet, Frieden und Stille wünschen: Ihrer Sorge, Ihrer

---

[23] zitiert nach: Sebastian Painadath, Wir alle sind Pilger. Gebete der Welt (München 2010), S. 88.

Angst, Ihrem Kummer, Ihrer Trauer … aber auch ganz konkret Ihrem stressigen Berufsalltag, Ihrem unangenehmen Nachbarn, der anstehenden Entscheidung, dem ungerechten Chef, dem Gedankenkarussell in Ihrem Kopf …

Beginnen Sie dabei jeden Satz mit den Worten Plotins:

„Friede und Stille senke sich auf …“,
und führen Sie den ergänzten Satz dann weiter mit:
„… sodass er/sie/es sich verwandle in …“

Zur Verdeutlichung hier ein Beispiel:

„Friede und Stille senke sich auf meine Angst,
sodass sie sich verwandle in die liebevolle Aufforderung,
Veränderung zuzulassen.“

Zensieren Sie sich beim Schreiben bitte nicht! Akzeptieren Sie mit freundlicher Neugier und Wertschätzung, was auch immer aus Ihrer Tiefe aufsteigen mag. Schreiben Sie sich alles von der Seele, bis es für den Moment nichts mehr in Ihnen gibt, das Sie nicht mit Frieden und Stille gesegnet und für sich selbst verwandelt haben.

Meditation: *Licht und Duft*

Setze dich aufrecht hin, auf ein Meditationskissen, eine gefaltete Decke oder auch einen Stuhl. Dein Rücken sollte gerade sein; wenn nötig, lehne dich an.

Atme nun einige Male tief ein ... und länger aus. Ein ... und länger aus. Ein ... und länger aus.

Stelle dir nun vor, du sitzt am Meer. Auf einem glatten, warmen Felsen oder am Sandstrand – wie es dir angenehmer ist. Dein Blick geht weit übers Meer bis zum Horizont. Alles ist in goldenes Abendlicht getaucht. Dieses Licht fühlt sich wunderbar beruhigend an.

Und über deinen Atem strömt das Licht warm und golden in dich hinein.

Das goldene Licht strömt in deinen Kopf ... in deine Brust ... deine Arme ... deine Hände und die Finger ... es strömt in deinen Bauchraum ... dein Becken ... deine Beine und in deine Füße. *Überall in dir ist goldenes Licht.*

Und du atmest tief ein ... und du riechst den frischen, salzigen Duft des Ozeans – und mit jedem Einatem strömt noch mehr dieses angenehmen Dufts, noch mehr dieses goldenen Lichts in dich hinein.

Licht und Duft … Licht und Duft … Licht und Duft.

Du bist ganz erfüllt von Licht und Duft, und so kannst du jetzt innerlich heilen … und alles loslassen, was dich belastet. Mit jedem Ausatmen lässt du alles los – wie schwarzen Rauch, der sich hoch über dem Meer verliert.

Du atmest goldenes Licht ein … und schwarzen Rauch aus.
Du atmest den salzigen Duft des Ozeans ein … und schwarzen Rauch aus.
Du atmest goldenes Licht ein … und schwarzen Rauch aus.
Du atmest den Duft des Ozeans ein … und schwarzen Rauch aus.

Atme so noch einige Zeit weiter: Immer wieder atmest du Licht und Duft ein … und schwarzen Rauch aus – bis sich alle Schwärze hoch über dem Meer verloren hat … bis alles erfüllt ist von Licht und Duft.

Nun kehrst du langsam zurück. Du fühlst dich wunderbar! Du öffnest sanft die Augen, und dein Blick bleibt noch für einige Atemzüge ganz weich. Du schenkst dir ein Lächeln … und bist wieder hier.

Achtsames Selbstmitgefühl: *Liebevoll zu mir selbst*

Setze dich auf dein Meditationskissen oder lege dich hin, ganz wie du magst. Es ist wichtig, dass du dich wohlfühlst. *Atme einige Male tief ein ... und länger aus.*

Denke nun an die Probleme, die Schwierigkeiten oder die Entscheidungen, die dich gerade belasten. Was verändert sich in deinem Körper, wenn du daran denkst? Verspannst du dich vielleicht oder hast du ein unangenehmes Gefühl im Magen? Wo in deinem Körper kannst du den Stress, den deine Probleme verursachen, am deutlichsten spüren?

Im Alltag drücken hochsensible Menschen solche Körperempfindungen meist weg, gerade weil sie so häufig – öfter noch als andere Menschen – unter ihnen leiden. Doch hier und jetzt wollen wir anders mit diesen Empfindungen umgehen!

Statt also mit dir selbst zu hadern oder dich über deine starken unangenehmen Empfindungen zu ärgern, horche einmal mit liebevoller Aufmerksamkeit in dich hinein. Verbinde dich bewusst mit der Stelle in deinem Körper, die dir dein Leid besonders deutlich zeigt. Wende dich dieser Stelle mit freundlicher Neugier zu und atme einige Male sanft in sie hinein.

Sage dann im Stillen zu dir selbst:

„Ich erkenne an, dass ich gerade leide.
Es ist eine schwierige Zeit für mich."

Atme einige Male in diesem Bewusstsein ein und aus.

Sage im Stillen zu dir selbst:

„Jeder Mensch, hochsensibel oder nicht, erlebt solche Phasen.
Dies gehört zum Leben eines jeden Menschen dazu.
Ich bin nicht allein mit dieser Erfahrung."

Atme einige Male in diesem Bewusstsein ein und aus.

Wiederhole nun im Stillen die Worte:

„Möge ich gut zu mir sein.
Möge ich meine Fähigkeit, besonders kraftvoll zu empfinden, in Dankbarkeit wertschätzen.
Möge ich empfindsam und stark sein.
Möge ich mich selbst liebevoll annehmen – genau so, wie ich bin."

Atme einige Male in diesem Bewusstsein ein und aus.

Sage dir zum Abschluss noch einmal:

„Ich erkenne an, dass dies eine schwierige Zeit für mich ist.
Jeder Mensch, hochsensibel oder nicht, erlebt solche Phasen des Leidens.
Es gehört zum Leben eines jeden Menschen dazu.
Möge ich freundlich zu mir sein.
Möge ich mich selbst lieben, schätzen und annehmen, genau so, wie ich bin."

Atme nun tief ein ... und sehr lang aus – lass deinen gesamten Atem entweichen.

Öffne dann die Augen und gönne dir noch ein wenig Zeit für dich, bevor du in deinen Alltag zurückkehrst.

Reflexion: *Secondhand-Stress erkennen und entschärfen*

Besonders in länger andauernden, schwierigen Zeiten ist es wichtig, dass wir nicht – zusätzlich zu unseren eigenen Belastungen – auch noch den Stress anderer Menschen in uns aufnehmen. Wie im Theorieteil dieses Buches bereits erläutert, neigen Hochsensible jedoch zu genau dieser Reaktion: Mehr noch als andere Menschen registrieren wir blitzschnell die gestresste Energie, Ausstrahlung, Gestik und Mimik einer anderen Person. Selbst deren Stresshormone riechen wir, und so verrückt das auch klingen mag: Unser Gehirn kann sogar erkennen, ob diese fremden Hormone aufgrund von geringem oder hochgradigem Stress ausgeschüttet wurden![24] Prompt reagieren wir auf diese Informationen mit einer eigenen Stressreaktion – übrigens nachweislich besonders stark, wenn es sich bei

[24] vgl. Shawn Achor und Michelle Gielan, Make Yourself Immune to Secondhand Stress (02.09.2015), *https://hbr.org/2015/09/make-yourself-immune-to-secondhand-stress* (abgerufen am 21.05.2021)

der anderen Person um die Partnerin oder den Partner handelt.

Secondhand-Stress ist also etwas, das die meisten Hochsensiblen nur allzu gut kennen. Deshalb möchte ich Ihnen im Folgenden einige Fragen und Impulse anbieten, denen Sie nachspüren bzw. die Sie ausprobieren können, wenn Sie ahnen, dass Ihre gegenwärtige Belastung von Secondhand-Stress noch verschärft wird.

Reflektieren Sie:

- *Fühlen Sie sich manchmal wie aus heiterem Himmel angespannt und belastet? Falls ja: Könnten diese Gefühle mit der Anwesenheit eines bestimmten Menschen zu tun haben? Versuchen Sie, die Quelle Ihres Secondhand-Stresses zu identifizieren.*
- *Wie verändert sich Ihr Empfinden, wenn Sie Ihre Antwort auf das gestresste Verhalten eines anderen bewusst modifizieren? Experimentieren Sie: Steigen Sie zum Beispiel in Auseinandersetzungen nicht auf dem gleichen, hohen Stresslevel ein, sondern atmen Sie tief durch und reagieren Sie betont ruhig. Was passiert?*
- *Versuchen Sie einmal, Mitgefühl mit der gestressten Person zu üben: Seien Sie nachsichtig, verschenken Sie ein Lächeln, verzichten Sie darauf, sich dem scharfen Tonfall Ihres Gegenübers anzupassen. Was macht das mit Ihnen, mit Ihrem Gegenüber, mit der Situation?*

- *Wäre es vielleicht sinnvoll, langfristig an Ihrem Selbstbewusstsein, Ihrem Selbstwertgefühl und Ihren Glaubenssätzen zu arbeiten, gegebenenfalls mit professioneller Hilfe? Ein Beispiel: Möglicherweise könnten Sie sich leichter von Secondhand-Stress befreien, wenn Sie nicht insgeheim davon überzeugt wären, auf irgendeine Weise an allem schuld zu sein, also auch am Stress Ihres Partners oder Ihrer Partnerin.*
- *Horchen Sie ehrlich in sich hinein: Übernehmen Sie den Stress Ihres Gegenübers allzu bereitwillig, lassen Sie sich sehr schnell aus Ihrer Mitte reißen? Falls ja, woran könnte das liegen?*
- *Versuchen Sie, sich die feste Überzeugung zu erarbeiten, dass Sie nicht nur die Möglichkeit, sondern auch das Recht darauf haben, sich von fremdem Stress abzugrenzen! Experimentieren Sie damit, wie Sie sich fühlen, wenn Sie sich diese Überzeugung in Situationen mit Secondhand-Stress vor Augen halten.*
- *Gibt es in Ihrem privaten oder beruflichen Umfeld „Energievampire"? Falls ja: Schränken Sie den Kontakt zu diesen Bekannten oder Kolleg*innen, die ständig ihren Frust bei Ihnen abladen, vorübergehend oder dauerhaft ein. Wenn Ihnen das schwerfällt, greifen Sie vorerst zu kleinen Tricks: Unterbrechen Sie Klagelieder und Schimpftiraden, indem Sie sich entschuldigen und für einige Minuten die Toilette aufsuchen. Oder Sie werden konsequent einsilbig, statt mit gezwungener Höflichkeit ein Verständnis zu heucheln, das Ihr Gegenüber nur noch mehr anstachelt.*

- *Sicherlich gibt es in Ihrem Umfeld auch Menschen, die Ihnen zuverlässig ein Lächeln aufs Gesicht zaubern! Suchen Sie vermehrt den Kontakt zu ihnen und lassen Sie sich bewusst von ihrer positiven Energie anstecken.*
- *Sofern Sie das in Ihrer aktuellen Situation nicht überfordert: Könnten Sie Ihrem gestressten Partner bzw. Ihrer gestressten Partnerin vielleicht Ihre Hilfe anbieten? Liebevolle Unterstützung entlastet nämlich nicht nur Ihr Gegenüber, sondern kann auch für Sie selbst deutlich weniger anstrengend sein, als sich permanent von den ausgesandten Stresswellen abgrenzen zu müssen.*
- *Statt sich vom Stress der anderen anstecken zu lassen, drehen Sie den Spieß doch einmal um. Stecken Sie Ihr Umfeld mit Ihrer Selbstfürsorge an! Gerade in Familie und Partnerschaft kann es sehr heilsam sein, wenn man sich gegenseitige Impulse in Sachen Selbstliebe, Entspannung, gesunde Ernährung, wohltuende Bewegung etc. schenkt. Beobachten Sie: Wie verändert sich dadurch die Atmosphäre in Ihrer Familie bzw. Partnerschaft?*

8. Bei körperlichem Unwohlsein oder Schmerzen

Aufgrund der tieferen und stärkeren Wahrnehmung reagieren Hochsensible oft irritiert oder gar verängstigt auf unangenehme Regungen des Körpers. In der Folge sind hypochondrische

Anwandlungen nicht selten. Diese können sehr belastend sein, ebenso wie tatsächliche Schmerzen, die in ihrer Intensität von vielen Hochsensiblen als weitaus schlimmer empfunden werden als von weniger sensiblen Menschen.

Ich möchte Ihnen zu diesem Thema drei Übungen anbieten, die ich persönlich als sehr hilfreich erfahren habe: eine Meditation, die sich gut als schnelle Hilfe für zwischendurch eignet, den zu Recht sehr beliebten und bekannten Bodyscan[25] – der ursprünglich aus der Achtsamkeitspraxis stammt – und eine Visualisierung, mit der Sie Ihre Angst vor Krankheit und Schmerzen liebevoll angehen können.

Die Meditation arbeitet mit dem Symbol des goldenen Lichts, wie Sie es bereits aus der Meditation *„Licht und Duft"* (Kapitel 7) kennen. Diesmal jedoch liegt der Fokus weniger auf dem Loslassen seelischen Ballastes als vielmehr auf der Heilkraft des Lichtes bei körperlichen Beschwerden.

Der Bodyscan ist eine Achtsamkeitsübung, bei der wir sämtliche Empfindungen des Körpers bewusst und urteilsfrei spüren und annehmen. Auch und besonders für hochsensible Menschen kann der Bodyscan sehr heilsam sein, denn hier dürfen wir ganz bewusst in die Erfahrung gehen, dass nicht jedes Ziepen Gefahr signalisiert, nicht jeder körperliche Schmerz ein Drama sein muss. Tatsächlich gelingt es mithilfe des Bodyscans

---

[25] Im Internet finden Sie zahlreiche Anleitungen für den Bodyscan, auch als Audio- und Videodateien.

Schmerzpatienten nachweislich besser, mit ihren Schmerzen umzugehen – obwohl die Schmerzen selbst durch die entspannte Achtsamkeit nicht verschwinden. Aber sie werden als weniger bedrohlich und weniger belastend erlebt, und allein das bessert das Befinden der meisten Patienten deutlich.

Falls also auch Sie an Schmerzen leiden, möchte ich Ihnen den Bodyscan sehr ans Herz legen! Doch auch wenn Sie sich einfach nur wünschen, entspannter mit den alltäglichen Signalen und Wehwehchen Ihres Körpers umgehen zu können, ist der Bodyscan eine geeignete Übung.

Führen Sie den Bodyscan am besten einige Wochen lang regelmäßig durch. So wird seine segensreiche Wirkung nicht auf die Übungszeiten beschränkt bleiben, denn wenn man ihn erst einmal verinnerlicht hat, ist er zum Beispiel auch bei Schlafstörungen sehr hilfreich!

Falls Schmerzen oder Krankheiten große Sorgen und Ängste in Ihnen hervorrufen, können Sie mit der Visualisierung am Ende des Kapitels üben, diese Gefühle zu transformieren. Sie brauchen Ihre Angst dabei nicht zu bekämpfen, sondern werden lernen, sie willkommen zu heißen, sie zu umarmen und schließlich durch Liebe zu ersetzen.

Meditation:
Goldenes Licht

Setze dich aufrecht und bequem hin oder lege dich auf den Rücken. Spüre deinen Atem. *Atme tief ein ... und länger aus. Und noch einmal ein ... und lang aus. Ein ... und lang aus.*
Stelle dir nun vor, dass du umgeben bist von wunderbarem, heilendem, goldenem Licht. Es wärmt deine Haut und die Luft, die du einatmest. Und so öffnest du dich dem goldenen Licht – und mit jedem Atemzug nimmst du es tief in dich auf.

Du atmest ein, und das warme, heilende Licht strömt von deiner Nase in deinen Kopf. Dein ganzer Kopf ist erfüllt von goldenem Licht.

Und das Licht strömt weiter in deinen Hals.
Es fließt warm in deinen Bauchraum.
Es umhüllt sanft deine Organe.
Es umschmeichelt deine Wirbelsäule.
Es strömt in deine Arme ... und deine Hände ... bis es deine Fingerspitzen erreicht.

Strahlend und warm erfüllt das goldene, heilende Licht deinen gesamten Oberkörper.

Und das goldene Licht fließt heilend durch dein Becken ... und in deine Beine ... und wo vorher vielleicht Schmerzen waren, ist jetzt nur noch eine wunderbare Wärme.

Das Licht fließt in deine Füße und in deine Zehen.

Dein ganzer Körper ist erfüllt von goldenem Licht, das dich sanft wärmt und heilt.

Und nun strömt das Licht noch einmal ganz gezielt in den Körperteil, der dir Sorgen bereitet. Du atmest das heilende Licht genau in diesen Körperteil hinein – so lange, bis er golden leuchtet und vor Lebenskraft pulsiert!

Von Kopf bis Fuß bist du nun von Licht erfüllt. Dein ganzer Körper strahlt. Deine Haut schimmert golden, und jede einzelne Zelle in dir erfährt Heilung. Du bestehst aus Licht, und es macht deinen Körper leicht – deinen Geist frei – deine Seele glücklich.

Dein Körper ist leicht.
Dein Geist ist frei.
Deine Seele ist glücklich.
Und langsam, ganz langsam, kehrst du zurück.

Du schenkst dir ein Lächeln, denn du weißt: Das goldene Licht ist weiterhin in dir! Es wärmt dich in deinem Alltag und lindert deine Schmerzen, wann immer du es brauchst. Und so öffnest du deine strahlenden Augen – und bist wieder ganz da.

Achtsamkeitsübung:
Bodyscan

Lege dich auf den Rücken. Achte darauf, dass du gemütlich liegst und dich nichts mehr stört. Atme dann einige Male tief ein und aus. Lege dabei die Hände auf deinen Bauch und fühle, wie deine Bauchdecke sich beim Einatmen leicht hebt und beim Ausatmen wieder senkt.

Richte deine Konzentration auf deinen linken Fuß: Wie fühlt er sich an? Spürst du Kälte oder Wärme? Vielleicht ein Kribbeln? Oder auch gar nichts? Was auch immer du fühlst: Es ist in Ordnung.

Bleibe einfach für einige Atemzüge bei deinem linken Fuß.

Richte deine Konzentration nun auf deinen linken Knöchel: Was spürst du dort? Kannst du deinen linken Knöchel ganz bewusst wahrnehmen?

Bleibe auch hier für einige Atemzüge. Falls deine Aufmerksamkeit abschweift, führe sie sanft zurück zu deinem linken Knöchel.

Gehe dann weiter zu deinem linken Unterschenkel. Richte deine Konzentration auf die Empfindungen dort: Wie fühlt dein linker Unterschenkel sich an? Spürst du die Unterlage, auf der er aufliegt? Egal, was du spürst und ob du etwas spürst: Es ist okay so. Für den Augenblick muss sich nichts ändern, alles darf so sein, wie es jetzt gerade ist.

Bleibe auch hier für einige Atemzüge.

Nun richtest du deine Aufmerksamkeit auf dein linkes Knie: Wie fühlt es sich an? Hast du Schmerzen dort oder ist das Gefühl neutral? Nimm jede Empfindung an und betrachte sie, ohne sie zu beurteilen. Betrachte sie mit einer freundlichen, liebevollen Neugier. Alles darf so sein, wie es jetzt gerade ist. Bleib mit deiner Aufmerksamkeit dort, und wenn dein Geist umherschweifen will, führe ihn sanft wieder zurück zu deinem linken Knie. Lass deinen Geist auf deinem linken Knie eine Pause machen.

Führe die Reise durch deinen Körper auf diese Weise fort. Richte deine Aufmerksamkeit nacheinander auf den linken Oberschenkel ... den rechten Fuß ... den rechten Knöchel ... den rechten Unterschenkel ... das rechte Knie ... den rechten Oberschenkel ... das Becken ... den unteren Rücken ... den oberen Rücken ... den Bauch ... den Brustkorb ... die Schultern ... die linke Achselhöhle ... den linken Arm ... die linke Hand ... die rechte Achselhöhle ... den rechten Arm ... die rechte Hand ... den Nacken ... den Hals ... das Kinn ... den Mund ... die Nase ... die Wangen ... die Augen ... die Stirn ... die Schläfen ... die Ohren ... die Kopfhaut ... den ganzen Kopf ... und zum Schluss auf den ganzen Körper.

Bleibe bei jedem Körperteil einige Atemzüge lang. Falls Ungeduld, Nervosität oder Ärger auftauchen, nimm sie zur Kenntnis und lasse sie dann ziehen. Es ist normal, dass der Geist immer wieder abschweifen möchte; führe ihn einfach sanft und beharrlich zurück zu dem Körperteil, auf das du gerade deine Aufmerksamkeit richtest. Und egal, was du spürst: Es ist in Ordnung und darf für den Moment genau so sein. Nimm deine Gefühle und Empfindungen wertfrei zur Kenntnis, übe dich in der Haltung einer freundlichen Neugier auf alles, was da kommen mag.

Wenn du am Ende des Bodyscans angelangt bist, atme noch einmal tief ein und lang aus. Öffne dann die Augen.

Visualisierung:
Die Angst umarmen

Ziehe dich an einen ruhigen, geschützten Ort zurück, setze dich aufrecht hin und schließe die Augen. Du kannst diese Übung auch gut im Liegen durchführen.

Wandere nun mit der Aufmerksamkeit durch deinen Körper und suche deine Angst. Wo macht sie sich bemerkbar: im Magen? In den Schultern? Hinter der Stirn? Im Herz? In den Händen?

Wenn du die Angst nicht sofort lokalisieren kannst, habe bitte Geduld. Fahre einfach damit fort, mit deiner Aufmerksamkeit durch den Körper zu wandern – vielleicht etwas langsamer als zuvor.

Hast du die Stelle gefunden, an der deine Angst sich am deutlichsten zeigt, so schaue sie in Ruhe an – nicht mit Abwehr, sondern mit liebevoller, freundlicher Aufmerksamkeit.

Akzeptiere die Angst.

Gestatte es ihr, sich in deinem Körper aufzuhalten.

Gestatte es ihr sogar, unter deinem aufmerksamen Blick zu wachsen.

Die Angst wird größer … und größer … und größer … und du heißt diese große, wachsende Angst willkommen.

Betrachte diese wachsende Angst mit gelassener Neugier: Sitzt sie immer noch an der Stelle, an der du sie ursprünglich gefunden hattest? Oder hat die Angst sich auf einen anderen Körperteil verlagert? Heiße die Angst auch an der neuen Stelle in deinem Körper willkommen. Erlaube ihr, da zu sein, sich in dir auszudrücken, sich dir zu zeigen. Schaue sie dir an:

Wie sieht sie aus, diese Angst?

Welche Form hat sie?

Welche Farbe?

Welches Wesen?

Visualisiere deine Angst so lange, bis du ein klares Bild vor Augen hast.

Und dann trittst du auf deine Angst zu und schließt sie in deine Arme … und die Angst, zutiefst erleichtert, dass du sie siehst und anerkennst, lässt sich mit einem Seufzer in deine Umarmung fallen.

Ruhig und sicher hältst du die Angst in deinen Armen.
Du umhüllst sie mit deiner Liebe.
Und du dankst deiner Angst von Herzen!

Weil du tief in deinem Inneren weißt, dass die Angst eine Aufgabe für dich übernimmt – dass sie dir Hinweise gibt, dass sie eine bestimmte Funktion besitzt, dass sie nicht deine Feindin ist, sondern deine Verbündete.

Doch jetzt, in diesem Moment, in dieser Situation, brauchst du deine Verbündete nicht. Und deshalb gibst du ihr die Erlaubnis, sich zurückzuziehen.

Du öffnest deine Arme und versicherst der Angst, dass sie nun gehen darf.
Du schenkst der Angst für diesen Rückweg deine Wertschätzung und Liebe.

Betrachte sie – deine hilfreiche Verbündete, deine in Wertschätzung und Liebe gehüllte Angst –, wie sie bereitwillig verblasst ... weil du sie jetzt, in diesem Moment, in dieser Situation, nicht brauchst.

Und wenn sie vollständig verblasst ist, füllst du die Stelle, an der nun keine Angst mehr sitzt, mit einem warmen, farbigen Licht.

Welche Farbe hat dieses wundervolle Licht?
Leuchtet es hell und strahlend?
Glitzert und funkelt es?
Oder ist es sanft und mild?

Fülle die Stelle, an der vorhin deine Angst saß, ganz und gar mit diesem wundervollen Licht aus.

Genieße die Visualisierung und gib dich ihr noch einige Atemzüge lang hin.

Schenke dir dann ein liebevolles Lächeln … spüre nach, wie versöhnt und friedlich du dich jetzt fühlst … atme tief durch … und öffne deine Augen.

9. In Phasen des Weltschmerzes

Anhaltender Stress kann dazu führen, dass einem ab einem gewissen Punkt seelisch alles zu viel wird. Dann möchte man sich am liebsten im Bett verkriechen, sich die Decke über den Kopf ziehen und für eine Weile nichts mehr hören und sehen – vor allem nichts über den Zustand der Welt, der einem in solchen Phasen zum Verzweifeln erscheinen kann. Kriege, Pandemien, Hungersnöte, Rassismus und Diskriminierung, der Klimawandel, skrupellose Staatsoberhäupter … – es gibt wahrlich genügend Gründe, sich zu sorgen!

Doch nicht nur uns selbst, sondern auch der Welt nützt es überhaupt nichts, wenn wir an diesem Leid zerbrechen. Was also tun?

Sich von allen Problemen abzuwenden und die Augen vor ihnen zu verschließen, weil wir sie nicht ertragen, kann nicht die Lösung sein: Hungernde Menschen werden nicht satt, nur weil wir die Hungersnot nicht mehr sehen; der Klimawandel hört nicht auf, nur weil wir für uns beschließen, dass er uns nichts mehr angeht.

Sich je nach den eigenen Möglichkeiten für die Welt zu engagieren, ist immer besser, als den Kopf in den Sand zu stecken, und gerade hochsensible Menschen spüren oft sehr genau, welchen Beitrag sie leisten könnten, um die Welt zu einem besseren Ort zu machen. Jutta Böttcher vom Kompetenzzentrum für Hochsensibilität Aurum Cordis nennt diese Ahnung das „*Paradies-Gen*“ oder auch den „*Veränderungsimpuls*“. Dieser Impuls sollte nicht überhört werden, denn wir sind sicherlich nicht mit der Aufgabe auf die Erde gekommen, uns die Decke über den Kopf zu ziehen!

Weiter auf dieses so wichtige Thema einzugehen, sprengt leider den Rahmen eines Buches zur Stressbewältigung. Doch ich möchte Sie unbedingt dazu ermutigen, Ihr Paradies-Gen anzuerkennen und Ihren Impulsen, auf irgendeine Weise Gutes in die Welt zu bringen, beherzt zu folgen.

Beginnen können Sie mit etwas, das auch Ihnen selbst wohltun wird: mit einer *Meditation der liebenden Güte*.

Meditieren, um sich für das Gute zu engagieren? Das mag Ihnen ein bisschen, nun ja, einfach vorkommen. Doch ich halte die Metta-Meditation, wie man sie auch nennt, für einen sehr guten Anfang! Denn uns selbst und all unseren Mitgeschöpfen Liebe und Glück zu wünschen, uns selbst und all unseren Mitgeschöpfen mit Güte, Wohlwollen und Mitgefühl zu begegnen, das ist die Haltung, aus der Heilung entsteht! Für uns und die Welt.

Natürlich habe ich noch weitere Übungen für Sie: Wenn Sie eine bestimmte Eigenschaft an sich vermissen, die Ihnen hier und jetzt helfen würde, besser mit Ihrem Weltschmerz umzugehen, dann lege ich Ihnen die Visualisierung *„Mein persönlicher Helfer"* ans Herz.

Mit der Schreibübung *„Vertrauen und Zuversicht"* können Sie sich zudem Ihren ganz persönlichen Kraftsatz erarbeiten.

Wie Ihnen die Haltung des Achtsamen Selbstmitgefühls helfen kann, die dunklen Phasen des Weltschmerzes besser durchzustehen, zeigt Ihnen die Übung *„Ein Lichtlein in der Dunkelheit"*.

Und zum Abschluss biete ich Ihnen noch eine Reflexion an, mit der Sie Ihrem persönlichen praktischen Engagement für die Welt ein gutes Stück näherkommen können. Denn die Welt braucht jeden von uns – auch Sie!

Noch eine Bemerkung, bevor Sie starten: Der typisch hochsensible Perfektionismus könnte Sie nun dazu verleiten, all Ihre Kraft in den Kampf gegen den Welthunger oder die Umweltzerstörung zu stecken. Bitte, überfordern Sie sich nicht! Und unterschätzen Sie vor allem nicht die Macht der kleinen Dinge. Das Lächeln, das Sie an einen Fremden verschenken, der Trost, den Sie einem Kind spenden, die spontane Hilfe, die Sie einem Menschen in Not anbieten, das Ohr, das Sie einer niedergeschlagenen Freundin leihen, obwohl Sie eigentlich gar keine Zeit dafür haben – all das macht unsere Welt besser, auch ohne dass Sie Ihren Job dafür kündigen, Ihre kompletten Ersparnisse spenden oder Ihrem CO_2-Fußabdruck zuliebe in den Wald ziehen und nur noch von Wurzeln und Beeren leben müssen.

Zugegeben, diese Beispiele sind ziemlich überspitzt. Aber wir Hochsensiblen neigen so sehr dazu, alles zu 150 Prozent richtig machen zu wollen, dass uns darüber allzu oft die Selbstliebe verloren geht! Wir sollten uns in unserem Bemühen nicht überfordern und quälen. Ohne eine gesunde Selbstliebe kann es auf Dauer auch keine Liebe zur Welt geben – und ohne die Selbstfürsorge, mit der wir uns die innere Kraft erhalten, kein nachhaltiges Engagement.

Nicht nur, aber besonders in Phasen des Weltschmerzes lautet mein Rat an Sie deshalb: Sorgen Sie gut für Ihr körperliches, geistiges und seelisches Wohl! Finden Sie, eventuell mit spiritueller oder therapeutischer Begleitung, ins Vertrauen zurück. Lieben Sie sich selbst, und lieben Sie in der Folge auch die Welt.

Denn aus der Liebe – davon bin ich zutiefst überzeugt – entsteht alles, was nötig ist.

Meditation *der liebenden Güte*

Setze dich auf dein Meditationskissen oder lege dich hin. Schließe deine Augen und nimm ein paar tiefe Atemzüge. Lass deinen Ausatem allmählich länger werden als deinen Einatem.

Lege eine oder beide Hände auf dein Herz. Nimm wahr, was du in deinem Herzen spürst. Alles darf da sein, alles darf gespürt werden. Schenke jedem deiner Gefühle die gleiche Wertschätzung und Freundlichkeit. Betrachte dich selbst mit Wohlwollen und liebender Güte. Wünsche dir selbst:

„Möge es mir gut gehen.
Möge ich gesund sein.
Möge ich geborgen und sicher sein.
Möge ich glücklich sein.“

Wiederhole dies einige Male im Stillen.

Und nun denkst du an ein Wesen, das dir nahesteht. Das kann ein Mensch oder ein Tier sein, vielleicht dein Partner oder deine Partnerin, dein Kind oder dein Haustier. Wünsche diesem Wesen nun von ganzem Herzen:

„Möge es dir gut gehen.
Mögest du gesund sein.
Mögest du geborgen und sicher sein.

Mögest du glücklich sein."

Wiederhole dies einige Male im Stillen.

Und nun denkst du an ein Wesen, dem du neutrale Gefühle entgegenbringst. Vielleicht ein Nachbar oder jemanden, den du aus dem Fernsehen kennst. Wünsche diesem Wesen nun von ganzem Herzen:

„Möge es dir gut gehen.
Mögest du gesund sein.
Mögest du geborgen und sicher sein.
Mögest du glücklich sein."

Wiederhole auch dies einige Male im Stillen.

Und nun denkst du an eine Person, die du nicht magst, zum Beispiel weil sie dich einmal verletzt hat oder weil du dich im Streit mit ihr befindest. Mache dir klar, dass auch diese Person ein Wesen ist, das einmal ein unschuldiges Kind war. Ein Wesen, das Verletzungen aus der Vergangenheit mit sich herumschleppt, das seine eigenen Lernerfahrungen machen muss, das sich tief im Inneren nach Akzeptanz sehnt und geliebt werden möchte. Und wünsche diesem Menschen nun:

„Möge es dir gut gehen.
Mögest du gesund sein.
Mögest du geborgen und sicher sein.
Mögest du glücklich sein."

Wiederhole dies einige Male im Stillen.

Und nun schließe alle Menschen, alle Lebewesen, ja, die ganze Welt in deine guten Wünsche mit ein:

„Möge es euch allen gut gehen.
Möget ihr gesund sein.
Möget ihr geborgen und sicher sein.
Möget ihr glücklich sein.
Möge die ganze Welt zu Glück und Frieden finden."

Wiederhole auch dies einige Male im Stillen.

Komme dann langsam zurück. Dein Atem wird wieder kräftiger. Du atmest tief ein ... und mit einem hörbaren „Schschsch" durch den Mund aus. Und noch einmal tief ein ... und mit „Schschsch" durch den Mund aus. Öffne dann sanft deine Augen.

Visualisierung:
Mein persönlicher Helfer[26]

Welche Qualität oder Eigenschaft vermissen Sie gerade im Leben? Was würde Ihnen helfen, besser mit Ihrem Weltschmerz

---

[26] Um die Übung lesbar zu halten, verwende ich hier ausnahmsweise nur die männliche Form; ersetzen Sie sie gerne durch die weibliche, wenn Ihnen das lieber ist.

umzugehen? Spüren Sie bitte tief in sich hinein: Sehnen Sie sich nach Güte ... Freundlichkeit ... Standhaftigkeit ... Hoffnung ... Heldenmut ... nach allumfassender Liebe ... oder nach etwas ganz anderem?

Nehmen Sie sich bitte genügend Zeit, um zu identifizieren, was Ihnen im Moment am meisten fehlt.

Wenn Sie sich für eine Qualität oder Eigenschaft entschieden haben, nehmen Sie eine aufrechte Meditationshaltung ein. Schließen Sie die Augen. Spüren Sie erneut in sich hinein:

Wo in Ihrem Körper fühlen Sie eine Resonanz auf das,
wonach Sie sich sehnen?
Welche Größe hat diese Resonanz?
Welche Farbe hat sie?
Welche Dichte und Struktur?

Das Bild, das bei dieser Visualisierung in Ihnen entsteht, ist das Symbol für Ihren persönlichen Helfer.

Es kann sein, dass Sie anfangs überhaupt nichts spüren. Keine Sorge, das ist normal, da diese Übung für die meisten Menschen ungewohnt ist. Seien Sie bitte geduldig mit sich! Früher oder später werden Sie eine Resonanz auf Ihre Sehnsucht in sich spüren und Ihr persönlicher Helfer wird sich formen: Vielleicht ist es ein Feuerball in Ihrem Bauch, der sich wie der personifizierte Mut anfühlt? Vielleicht ist es eine Gestalt in Menschenform – Jesus, Buddha, eine Göttin oder jemand ganz anderes –, die Geborgenheit und Schutz verspricht? Sprühender, bunter Optimismus in Ihrem Stirnraum? Eine rosafarbene Weichheit im Herzen, die für Sie die Qualität der Nächstenliebe symbolisiert? Ein mächtiger Bär, der Ihre Schultern stärkt?

Was auch immer sich zeigt, wie stark oder schwach, wie abstrakt oder konkret es auch sein mag: Heißen Sie es als Ihren persönlichen Helfer freundlich willkommen!

Und nun verankern Sie diesen Helfer in Ihrem Körper – genau dort, wo er sich Ihnen gezeigt hat. Er darf sich gut einrichten, darf Platz nehmen in Ihnen, sodass Sie immer auf seine Hilfe zugreifen können, wenn Sie ihn brauchen. Von nun an finden Sie das, wonach Sie sich so sehr sehnen, jederzeit in sich selbst!

Um die Übung zu verstärken und Ihren Helfer noch stabiler zu verankern, können Sie ihn anschließend auch malen oder beschreiben. Wählen Sie aus, was Ihnen reizvoller erscheint: Möchten Sie ein leuchtendes Bild malen, das Sie sich aufhängen können, um immer an die Existenz Ihres Helfers erinnert zu werden? Oder möchten Sie lieber einen kleinen Text verfassen, in dem Sie Ihren Helfer, sein Aussehen, seine Wirkung, seine Ausstrahlung ganz genau beschreiben, um seinen spezifischen Eigenheiten noch tiefer nachspüren zu können? Entscheiden Sie intuitiv, was Ihnen lieber ist.

Nehmen Sie sich in jedem Fall ausreichend Zeit für diese besondere Übung, die noch lange heilsam in Ihnen nachwirken wird. Ich versichere Ihnen, es lohnt sich!

Schreibübung:
Vertrauen und Zuversicht

Schreiben Sie bitte zunächst ein serielles Gedicht. Jede Zeile dieses Gedichts beginnt gleich, und zwar mit dem Teilsatz:

„Vertrauen und Zuversicht sind mein Schatz, denn …"

Schreiben Sie so lange, wie Sie möchten, mindestens aber sieben Zeilen/Sätze.

Lesen Sie sich das Geschriebene dann noch einmal durch und lassen Sie es einige Momente auf sich wirken.

Wählen Sie aus dem gesamten Gedicht anschließend diejenigen drei Worte aus, die Sie spontan am meisten stärken, beglücken oder beruhigen.

Aus diesen drei Worten sowie *„Vertrauen"* und *„Zuversicht"* bilden Sie dann Ihren persönlichen Kraftsatz. Er kann kurz oder lang sein, poetisch oder nüchtern. Wichtig ist allein, dass er Ihnen guttut, wenn Sie ihn lesen, sodass Ihr Herz sofort ein wenig leichter wird.

Schreiben Sie Ihren Kraftsatz in schöner Schrift auf. Kleben Sie ihn dann an Ihren Badezimmerspiegel, hängen Sie ihn über den Schreibtisch oder legen Sie ihn neben Ihr Bett … – Hauptsache, Ihr Blick fällt jeden Tag darauf, sodass Sie kurz innehalten und seine Energie in sich aufnehmen können.

Achtsames Selbstmitgefühl:
Ein Lichtlein in der Dunkelheit

Denken Sie bitte zurück: Welche schwierige Situation haben Sie schon erlebt, die Sie damals als hoffnungslos empfunden haben?

Damals hatten Sie das Gefühl, keine Lösung zu finden – doch im Nachhinein können Sie erkennen, dass Sie nicht nur aus der Situation herausgefunden haben, sondern sogar etwas dabei gelernt haben.

In welcher Hinsicht sind Sie an dieser Situation gewachsen?

Vergegenwärtigen Sie sich nun bitte eine Situation, die Sie im Moment als schwierig empfinden: Was belastet Sie, für welches Problem haben Sie keine Lösung, was empfinden Sie im Augenblick als aussichtslos?

Und wäre es nicht möglich, dass Sie auch durch diese Situation etwas lernen können?

Natürlich ist es schwierig, das zu beurteilen, wenn Sie mitten in dem Problem drinstecken. Aber versuchen Sie es doch einmal: Wie könnten Sie in zehn Jahren über diese Situation denken? In welcher Hinsicht könnten Sie an Ihrem Problem gewachsen sein? Wie könnten Sie sich dadurch weiterentwickelt haben?

Und wenn Sie auf diese Weise ein kleines, hoffnungsvolles Lichtlein in der Dunkelheit erblickt haben: Wie könnte Ihnen hier und jetzt eine Haltung des liebevollen Selbstmitgefühls helfen, die schwierige Situation durchzustehen, bis das Tal durchschritten ist?

Werden Sie sich bewusst, dass Selbstmitgefühl auch bedeutet, sich dem Schmerz, der Angst und den ungelösten Problemen zu öffnen – denn erst, wenn das Tal durchschritten ist, kann der Aufstieg beginnen.

Werden Sie sich auch bewusst, dass tief in Ihnen bereits alles vorhanden ist, was Sie für diese beschwerliche Reise, das Durchschreiten des Tals und den Aufstieg ins Helle, brauchen werden: Stärke, Tapferkeit, Widerstandsfähigkeit und Mut.

Und werden Sie sich bewusst, dass gerade eine Haltung des liebevollen Selbstmitgefühls diese wertvollen inneren Ressourcen ans Licht bringen kann! Sich selbst zu verurteilen, hilft nicht weiter und löst kein Problem. Sich jedoch selbst an die Hand zu nehmen, sich in Gedanken zu trösten, sich und seine Gefühle zu akzeptieren und sich Vertrauen zu schenken, birgt das wunderbare Potenzial in sich, das Lichtlein, das Sie angezündet haben, in Ihre Wirklichkeit zu bringen.

Stellen Sie sich noch einige Atemzüge lang dieses hoffnungsvolle Lichtlein vor. Sehen Sie vor Ihrem inneren Auge, wie es die Dunkelheit erhellt – erst zaghaft, dann immer kraftvoller und umfassender, bis auch die letzten düsteren Schleier verwehen und Sie ganz und gar im Licht stehen.

Verweilen Sie in dieser Vorstellung so lange, wie Sie möchten. Kehren Sie dann mit einem kräftigen Atemzug in Ihren Alltag zurück.

Reflexion:
Freudvolles Engagement

Sie haben sich dazu entschieden, aktiv etwas für die Veränderung zu tun, die Sie sich für die Welt wünschen? Das ist großartig!

Doch achten Sie bei der Wahl Ihres Engagements bitte nicht nur auf den guten Zweck, sondern auch darauf, ob diese bestimmte Tätigkeit Ihnen persönlich überhaupt entspricht. Denn nicht jede Aufgabe passt zu jedem Menschen! So werden Sie als zutiefst empathische*r Hochsensible*r wahrscheinlich mehr Probleme damit haben, sich für Folteropfer einzusetzen, als jemand, der sich innerlich besser distanzieren kann. Wenn Sie dann aber nicht mehr schlafen können, weil die Berichte Ihrer Menschenrechtsorganisation Sie gar nicht mehr loslassen, werden Sie auch nicht lange dabeibleiben, weil Sie es schlichtweg nicht können.

Dafür können Sie aber andere Dinge ganz hervorragend! Vielleicht kommt es Ihnen ja mehr entgegen, sich beispielsweise für Flüchtlinge vor Ort einzusetzen, benachteiligten Kindern Nachhilfe zu geben, sich im Tierschutz zu engagieren oder eine Nachbarschaftshilfe zu gründen? Sie könnten auch, wenn Sie sich auf jeden Fall für Folteropfer einsetzen möchten, ein Spenden-Event auf die Beine stellen. Die Möglichkeiten sind unendlich – und alle sind sie wertvoll!

Das Problem ist nur, dass viele von uns den Glaubenssatz verinnerlicht haben, dass vor allem das gut und anerkennenswert ist, was wehtut. Arbeit muss anstrengend sein, sonst ist es keine richtige Arbeit; Engagement muss an die seelische Substanz gehen, sonst ist es kein richtiges Engagement.

Aber dieser Glaubenssatz ist nicht nur unglaublich schädlich, er ist auch falsch! Wenn wir immer nur dem folgen, was uns leiden lässt, machen wir nicht die Welt besser, sondern uns selbst kaputt. Werfen Sie diesen zerstörerischen Glaubenssatz, falls er auch in Ihnen schlummert, also bitte schleunigst über Bord – und folgen Sie fortan der Freude, nicht dem Schmerz!

Dies soll nun nicht heißen, dass Sie als Hochsensible*r nur fröhliche Arbeiten erledigen und positive Themen bearbeiten dürfen oder sollen. Sie brauchen kein Leben im Schonwaschgang zu führen. Und Sie sollen um Gottes willen nicht an Ihrer eigenen Stärke und Widerstandsfähigkeit zweifeln! Es geht hier nicht darum, Ihre Fähigkeiten kleinzureden, sondern darum, dass Sie Ihre eigenen Grenzen achten und nicht allzu hart und ungnädig mit sich selbst umgehen sollten.

Die bekannte Ökophilosophin und Tiefenökologin Joanna Macy schreibt: „Das Maß unserer Begeisterung kann uns als Leitfaden dienen wie ein innerer Kompass, der uns hilft, auf die Art von Aktivität zuzusteuern, bei der wir langfristig bleiben möchten. Wir sind effektiver, wenn wir aus unseren Stärken und der Begeisterung heraus handeln. […] Das führt uns einen großen

Schritt von der Vorstellung weg, dass es nur einen richtigen Weg nach vorn gibt, dem wir alle folgen sollten. Stattdessen zeigt es, dass jeder von uns den Platz finden muss, der am besten zu ihm passt.“ [27]

Lassen Sie diese Worte bitte einen Moment lang auf sich wirken.

Und dann fragen Sie sich:

- *Passt das, was ich konkret tun möchte, zu meinen Interessen, Fähigkeiten und Talenten?*
- *Habe ich Lust auf meine Aufgabe? Begeistert sie mich? Brenne ich dafür?*
- *Oder habe ich mich ausschließlich deshalb für diese Aufgabe entschieden, weil sie mir als so sinnvoll/wichtig/dringlich erscheint?*
- *Fordert mich dieses konkrete Engagement auf motivierende Weise heraus oder spüre ich jetzt schon, dass es mich überfordert?*
- *Gehe ich davon aus, diese Tätigkeit seelisch gut auszuhalten, oder wird sie mir vermutlich sehr zusetzen?*
- *Gibt es womöglich eine Alternative zu dieser Tätigkeit, die in die gleiche Richtung geht, mir persönlich aber eher entspricht?*

---

27 Joanna Macy und Chris Johnstone, Hoffnung durch Handeln. Dem Chaos standhalten, ohne verrückt zu werden (Paderborn 2014), S. 197.

Sobald Sie eine Aufgabe gefunden haben, von der Sie denken, dass sie gut zu Ihnen passen könnte, überlegen Sie bitte ehrlich: Wenn ich meine eigene Mutter wäre, die mich über alles liebt, die stolz auf mich ist und mir viel zutraut, die aber auch meine Schwächen kennt: Würde ich mir diese Aufgabe guten Gewissens empfehlen oder würde ich mir davon abraten?

Diese letzte Frage halte ich für besonders wichtig, denn solcherart die Perspektive zu wechseln, kann zu unerwarteten Ergebnissen führen und sehr aufschlussreich sein.

Ich wünsche Ihnen Erfolg und viel Freude bei Ihrem Engagement für eine bessere Welt!

10. Bei Stress durch Perfektionismus

Wie Sie inzwischen wissen, neigen viele Hochsensible zu Perfektionismus. Ich würde sogar so weit gehen, zu behaupten: Neben Reizüberflutung ist Perfektionismus das Thema hochsensibler Menschen.

Kennen Sie das nicht auch? Weil Sie die Erwartungen und Ansprüche der anderen sehr genau spüren, leisten Sie allzu oft vorauseilenden Gehorsam. Was Ihr*e Partner*in, Ihre Kinder oder Ihre Freund*innen sich von Ihnen wünschen, muss noch nicht einmal ausgesprochen werden, um bereitwillig von Ihnen erfüllt zu werden – und selbstverständlich geben Sie immer Ihr Bestes dabei! Noch extremer ist es in Ihrem Job, denn dort wird

Ihr Perfektionismus geschätzt und gefördert. Wer hat schließlich nicht gerne Angestellte, die hohe Ansprüche an sich selbst stellen und sich erst zufriedengeben, wenn sie Spitzenleistungen erbringen? „*Perfektionismus*" ist im Vorstellungsgespräch deshalb auch eine beliebte Antwort auf die Frage nach den eigenen Schwächen; denn im Grunde gilt er nicht als Schwäche, sondern als Stärke.

Doch: Sein Bestes geben zu wollen, ist nur so lange in Ordnung, wie es einem selbst auch gut damit geht. Ununterbrochen Höchstleistungen anzustreben, kann einen unglaublichen Druck aufbauen, dem hochsensible (und auch nicht hochsensible) Menschen irgendwann nicht mehr gewachsen sind. Wer immer perfekt funktionieren möchte, wird früher oder später unweigerlich an diesem Anspruch scheitern – sei es, dass man trotz aller Bemühungen einen folgenschweren Fehler macht, sei es, dass man unter Stress und Druck zusammenbricht.

Wir sind Menschen, keine Maschinen. Fehler gehören zu unserem Menschsein dazu. Sie sind kein Versagen, sondern eine Möglichkeit, eine Lernerfahrung zu machen! Würden wir unseren Kindern das in den Schulen beibringen, würden sie bestimmt mit mehr Freude lernen, und vielen von ihnen ginge es psychisch deutlich besser. Und auch für uns Erwachsene wäre diese Haltung heilsam und entlastend!

Wie wäre es also, wenn wir einfach damit anfangen würden, einer gesunden Fehlerkultur einen Platz in unserem Leben einzuräumen? Wenn wir unseren Kindern, Partner*innen, Freund*innen und Kolleg*innen ab sofort zugestehen würden, dass sie Fehler machen dürfen und nicht perfekt sein müssen? Und wenn wir diese sanftmütige, entwicklungsorientierte Haltung auch uns selbst gegenüber einnähmen?

Fangen wir doch endlich damit an, unsere Ansprüche auf ein vernünftiges Maß herunterzuschrauben!

Fangen wir damit an, uns unsere Fehler, unser Versagen nicht mehr vorzuwerfen, sondern sie zur Kenntnis zu nehmen und etwas daraus zu lernen.

Fangen wir damit an, uns über Spitzenleistungen zu freuen, weil sie genau das sind: nicht der (angestrebte) Normalfall, sondern Spitzenleistungen, also Ausnahmen.

Fangen wir damit an, nicht sofort grimmig nach dem Schuldigen zu suchen, wenn etwas schiefgelaufen ist, um ihm gehörig die Hölle heißzumachen (sei dieser Schuldige nun jemand anderes oder wir selbst). Treten wir lieber einen Schritt zurück und beruhigen uns, damit wir in einem zweiten Schritt reflektiert und mitfühlend mit den (fremden und eigenen) Fehlern umgehen können.

Fangen wir damit an, unsere mangelnde Perfektion zu lieben.

Glauben Sie mir, ich weiß, wie schwer das ist! Um ehrlich zu sein, arbeite ich auch noch daran, und zwar jeden Tag. Tja, und um ganz ehrlich zu sein, bin ich oft noch nicht besonders erfolgreich darin, meinen Perfektionismus im Zaum zu halten …

und dann überfordere ich mich doch wieder und verheddere mich in meinen eigenen überzogenen Ansprüchen.

Aber genau darum geht es schließlich, nicht wahr? Ich bin auf dem Weg, und das ist genug. Ich muss nicht, ganz die Perfektionistin, bereits angekommen sein. Auf dem Weg zu sein, reicht vollkommen aus, um meinen Alltag ein gutes Stück entspannter zu machen!

Kann ich Sie dafür gewinnen, diesen Weg mit mir zu gehen?

Beginnen Sie doch mit einer kleinen Schreibübung, die Ihnen auf humorvolle Weise vor Augen führt, dass man sich ein Scheitern oft viel schrecklicher vorstellt, als es das in der Wirklichkeit ist. **Deshalb:** Entkatastrophisieren Sie Ihre Vorstellung – scheitern Sie mit Happy End! Ist dies doch eine Strategie der kognitiven Umstrukturierung, die uns die Angst vor Fehlern nehmen und hier tatsächlich wahre Wunder wirken kann.

Oder brauchen Sie zunächst ein bisschen Selbstfürsorge, weil der Druck, unter den Sie sich bisher gesetzt haben, Sie so sehr erschöpft hat? Dann gönnen Sie sich doch die schönen *„Ich bin genug"*-Affirmationen, die ich für Sie zusammengestellt habe.

Fühlen Sie sich dabei bitte wieder frei, die Affirmationen so zu verändern, dass sie zu Ihren persönlichen Bedürfnissen passen. Natürlich können Sie auch mit meinen Vorschlägen anfangen und mit der Zeit dann eigene Affirmationen entwickeln. Hauptsache, Sie nutzen die Affirmationen nicht nur wenige Male, sondern regelmäßig, denn nur so können sie sich gut in Ihnen verankern.

Anschließend möchte ich Sie dazu ermutigen, ein Selbstfürsorge-Ritual zu etablieren – auch dies eine wunderbare Möglichkeit, dem eigenen Wohlbefinden wieder mehr Platz im Leben einzuräumen, anstatt ständig nur auf Leistung und Pflichterfüllung zu starren.

Zum Schluss habe ich noch eine Reflexion für Sie, mit der Sie Ihren Perfektionismus einmal kritisch hinterfragen können, um ihn dann durch eine förderlichere, liebevollere Haltung zu ersetzen.

Also kommen Sie! Machen wir uns gemeinsam auf den Weg.

Schreibübung: *Scheitern mit Happy End*

Wählen Sie zunächst eine konkrete Versagensangst aus, mit der Sie sich befassen möchten: ein Projekt, das Sie übernommen haben, das Sie sich aber eigentlich gar nicht zutrauen; eine Beziehung mit jemandem, dessen Sie sich – vielleicht aufgrund von mehreren in der Vergangenheit gescheiterten Partnerschaften – nicht würdig fühlen; der neue Job, in dem Sie sich so furchtbar abstrampeln müssen, um allen Erwartungen zu genügen.

Wenn Sie sich für eine konkrete Versagensangst entschieden haben, nehmen Sie Block und Stift zur Hand und beginnen Sie mit:

> *„Noch vor wenigen Tagen hätte ich niemandem geglaubt, der mir gesagt hätte, dass aus meinem Scheitern etwas Gutes entstehen würde! Aber von vorne. Alles fing damit an, dass ...“*

Führen Sie die Geschichte fort, indem Sie zunächst möglichst dramatisch schildern, wie Ihre Angst Wirklichkeit geworden ist. Springen Sie ins kalte Wasser, trauen Sie sich!

Denn wenn Sie als Held*in Ihrer Geschichte am Tiefpunkt angelangt sind, werden Sie sehen: Wundersamerweise ist dieser Tiefpunkt gar nicht so rabenschwarz, wie Sie befürchtet hatten. Er ist unangenehm, das schon – aber er ist ganz sicher nicht das Ende! Und so können Sie mit einem Augenzwinkern auf das Scheitern Ihres Geschichten-Ichs blicken, so, als würden Sie eine Komödie im Fernsehen anschauen, in der die Hauptperson von einem Ungemach ins nächste stolpert.

Bestimmt kennen Sie das Sprichwort: *„Wo Gott eine Tür schließt, da öffnet er ein Fenster“*. Dies geschieht nun auch in Ihrer Geschichte: Wo zunächst nur Scheitern war, erblüht ein unerwartetes Happy End – sei es, dass Sie eine zweite Chance bekommen, sei es, dass ein Streit mit dem Partner zu tieferem Verständnis füreinander führt, sei es, dass Sie Ihren Job verlieren und dafür einen neuen ergattern, mit dem Sie sich viel wohler fühlen und der noch dazu besser bezahlt ist. Vielleicht erkennen Sie auch einfach, dass es nach dem Scheitern immer irgendwie weitergeht. Dass Fehler kein Beinbruch sind und eine verpatzte Präsentation nach wenigen Wochen vergessen ist, ja, dass Sie irgendwann sogar darüber lachen können. Denn auch das ist ein Happy End!

Schreiben Sie also Ihre ganz persönliche Geschichte eines *„Scheiterns mit Ausblick"* ... und dann lassen Sie sich vom wahren Leben überraschen: Wetten, dass Sie die Präsentation gar nicht verpatzen?

Affirmationen: *Ich bin genug*

Atme zu Beginn tief ein ... und lang und vollständig aus. Sage dann ruhig und liebevoll zu dir selbst:

Ich passe gut auf mich auf.
Ich vertraue mir.
Ich vertraue dem Leben.
Ich vertraue der Quelle allen Seins.
Ich bin dankbar, dass ich mich entwickeln und wachsen darf.
Ich bin dankbar, dass ich aus meinen Fehlern lernen darf.
Ich bin dankbar, dass ich genau so geschaffen wurde, wie ich bin.
Ich bin gut und richtig.
Ich bin genug.
Ich tue genug.
Ich besitze genug.
Ich respektiere mich selbst.
Ich achte meine Grenzen.
Ich liebe mich selbst und ich werde geliebt.

Die Quelle allen Seins liebt mich bedingungslos.
Ich bin genug, und ich werde bedingungslos geliebt!

Praktische Übung:
Ein Selbstfürsorge-Ritual etablieren

Erholung ist nicht auf Knopfdruck zu haben. Besonders nach sehr stressigen Tagen oder Wochen kann das Abschalten mitunter schwerfallen. Sie können sich den Übergang von Anspannung zu Entspannung jedoch erleichtern, indem Sie ein Ritual etablieren, das Ihnen hilft, den Kopf freizubekommen. Je öfter Sie dieses Selbstfürsorge-Ritual ausführen, desto leichter wird es Ihnen mit der Zeit fallen, Ihren Stress loszulassen; denn so wie das Gehirn ein langes Ausatmen mit Entspannung verbindet und entsprechend darauf reagiert, wird es früher oder später auch Ihr persönliches Ritual als Zeichen dafür erkennen, dass nun Selbstfürsorge angesagt ist!

Folgen Sie bei der Wahl Ihres Rituals voll und ganz Ihren eigenen Bedürfnissen. Falls Sie sich jedoch schon länger nicht mehr um sich selbst gekümmert haben und Ihnen jetzt einfach nichts einfallen will, habe ich hier einige Vorschläge für Sie.

Sie könnten zum Beispiel ...

... etwas für sich kochen, das sonst niemand in Ihrer Familie mag, nach dem Sie selbst aber verrückt sind.

... eine Stunde lang gar nichts tun, nur genießen: Zünden Sie eine Kerze an und kuscheln Sie sich mit Musik, einer leckeren Tasse Tee und Ihren Lieblingskeksen aufs Sofa.

... in die Badewanne steigen und ein wunderbares Schaumbad nehmen, am besten mit einem entspannenden, stimmungsaufhellenden Duft (zum Beispiel Lavendel, Rose, Zitronenmelisse, Orangenblüte).

... mit einem duftenden Körperöl ausgiebig Ihre Füße massieren.

... aus dem Fenster schauen und die Vögel am Vogelhaus, die vorüberziehenden Wolken, die Abenddämmerung ... beobachten.

Legen Sie vorab eine Zeitspanne für Ihr Selbstfürsorge-Ritual fest. Wenn Sie nämlich wissen, dass Sie in dieser Zeitspanne absolut nichts anderes zu tun haben, verflüchtigt sich irgendwann auch die innere Unruhe, die Ihnen anfangs vielleicht einflüstert, dass es jetzt aber genug sei mit der Entspannung: Die vollen Wäschekörbe warten, der Mann kommt mit den quengelnden Kindern nicht zurecht, eine dringende Mail will beantwortet werden ... Stopp! Nichts davon ist in diesem Moment Ihre Aufgabe.

Das Einzige, was Sie hier und jetzt zu tun haben, ist etwas Herrliches: in Ruhe und ohne schlechtes Gewissen die Zeit mit sich selbst genießen!

Reflexion:
Den eigenen Perfektionismus hinterfragen

Perfektionismus ist Leistungsdenken. Wir wollen unsere Sache sehr gut machen, am besten eben perfekt, und dafür möglichst viel Anerkennung bekommen. Erfolg ist wichtig, absolute Fehlerfreiheit unabdingbar, und wenn einmal Versagen droht, erscheint dies als Katastrophe.
Das klingt anstrengend – und ist es auch.

Wirklich problematisch aber wird diese Haltung, wenn sie sich nicht mehr nur auf einen kleinen, ausgewählten Bereich des Lebens bezieht, etwa einen besonders bedeutsamen Teil der Arbeit, sondern ihre Krakenarme um immer mehr schlingt: wenn also nun auch die Partnerschaft perfekt sein soll, sämtliche Freundschaften, jede beliebige Routinearbeit, nicht zu vergessen das eigene Aussehen, die körperliche Verfassung, die Freizeitgestaltung, die Urlaube ...

Dass ein solcher Perfektionismus ausgeprägte Überforderung und massiven Stress zur Folge hat, liegt auf der Hand!

Wenn Sie sich hierin wiedererkennen, aber auch, wenn Sie nur in einigen wenigen Bereichen Ihres Lebens zum Perfektionismus neigen, nehmen Sie sich bitte ein wenig Zeit, um diese Haltung zu hinterfragen.

Reflektieren Sie:

- *Wann und in welchem Bereich/welchen Bereichen neige ich zum Perfektionismus?*
- *Hat dieser Perfektionismus positive Aspekte? Was habe ich davon, was erhoffe ich mir davon?*
- *Welche negativen Aspekte hat dieser Perfektionismus? Wie schadet er mir?*
- *Welche unerwünschten Gefühle bringt er mit sich?*
- *Welche unangenehmen Gedanken bringt er mit sich?*

Gießen Sie Ihren bisherigen Perfektionismus nun bitte in Sätze. Beispiele für solche Sätze könnten sein: „*Ich darf keine Fehler machen*", „*Wenn ich versage, bin ich nichts wert*", „*Nur die beste Leistung ist gut genug*" etc.

Und jetzt erarbeiten Sie sich bitte zu jedem dieser Sätze einen positiven Gegenentwurf! Dieser neue, positive Satz sollte ein Gefühl der Entlastung, der Erleichterung, des Aufatmens in Ihnen hervorrufen. Beispiele für solche Sätze könnten sein: „*Jeder Mensch macht Fehler und es ist völlig in Ordnung, wenn auch ich welche mache*", „*Selbst wenn ich einmal versage, bin und bleibe ich ein wertvoller und liebenswerter Mensch*", „*Höchstleistungen sind in den meisten Fällen gar nicht nötig; eine gute Leistung reicht völlig aus*" etc.

Lesen Sie sich diese neuen Sätze von nun an täglich durch und denken Sie immer wieder einmal darüber nach.

Behalten Sie aber bitte auch im Hinterkopf, dass Sie Ihre perfektionistischen Tendenzen nicht „ausrotten" müssen. Das Ziel besteht nicht darin, die eigene Gewissenhaftigkeit und Leistungsbereitschaft komplett zu Grabe zu tragen – denn das wäre auch schade –, sondern darin, sich von Selbstüberforderung, zu hohen Ansprüchen, Druck und Stress zu befreien. Dafür brauchen Sie aber nicht von einem Extrem ins andere zu fallen; und ganz bestimmt müssen Sie kein völlig anderer Mensch werden (womit sich nämlich der Perfektionismus durch die Hintertür wieder eingeschlichen hätte!). Stattdessen dürfen Sie allmählich lernen, das rechte Maß wiederzufinden – ein Maß, das für Sie und Ihr Wohlbefinden dauerhaft förderlich ist.

11. Der Notfallkoffer

Wenn Sie gerade eine Phase durchleben, in der Sie vor lauter Stress und Überforderung kein Land mehr sehen, wenn Sie dringend kurzfristige Hilfe brauchen, obwohl Sie sogar dafür eigentlich gar keine Zeit haben: Hier ist Ihr Notfallkoffer!

Der Notfallkoffer beinhaltet zwei Übungen – die *„Eine-Minute"*-Übung und *„Drei Atemzüge"* –, die so kurz sind, dass sie in wirklich jedem Tagesablauf Platz finden. Und falls selbst das zeitlich nicht gelingen mag, dann können Sie eine dritte Übung – *„Energielenkung durch Beine und Arme"* – abends im Bett durchführen. Schöner Nebeneffekt: Die Energielenkung hilft auch wunderbar beim Einschlafen!

Zudem finden Sie in diesem Kapitel hilfreiche Affirmationen, die Ihnen im Notfall den Rücken stärken können. Wie Sie nun bereits wissen, sind Affirmationen allerdings am wirksamsten, wenn sie nicht nur ein Mal genutzt werden, sondern möglichst oft und regelmäßig. Gönnen Sie sich die Affirmationen also gern im Notfall – aber lassen Sie sie danach nicht fallen, sondern nutzen Sie sie einige Zeit lang konsequent, zum Beispiel immer morgens, mittags und abends. Je öfter Sie diese heilsamen Sätze hören, desto besser können sie sich in Ihnen verankern, desto leichter sind sie im Notfall abrufbar und desto verlässlicher werden sie in Stresssituationen für Beruhigung und neue Kraft sorgen!

Zum Abschluss des Kapitels möchte ich Ihnen noch eine sehr kurze Meditation vorstellen, die als *„SOS-Meditation"* gedacht ist. Wenn Sie sich also total überfordert fühlen und genau hier und jetzt eine Pause brauchen – im hektischen Büro, an der Bushaltestelle, auf dem lauten, vollen Spielplatz mit Ihren Kindern –, dann führen Sie die SOS-Meditation durch! Wenn möglich, schließen Sie dafür die Augen; zur Not funktioniert die Meditation aber sogar, wenn Sie die Augen geöffnet halten.

Sie können die Übungen aus dem Notfallkoffer selbstverständlich so oft anwenden, wie Sie möchten. Bitte behalten Sie jedoch stets im Hinterkopf, dass der Notfall nicht zum Normalfall werden darf, dass Sie sich neben diesen ultrakurzfristigen also unbedingt auch langfristige Strategien zur Stressreduzierung erarbeiten sollten! Und auch an dieser Stelle möchte ich noch einmal betonen, dass Sie es sich jederzeit gestatten dürfen, professionelle Hilfe in Anspruch zu nehmen, wenn Sie das Gefühl haben, alleine nicht mehr weiterzukommen.

Die „Eine-Minute“-Übung

Diese Übung ist so simpel wie effektiv, denn sie sorgt über den Tag verteilt für mehrere Mini-Unterbrechungen, die der Seele auch im größten Stress kurze Verschnaufpausen verschaffen.

Und so geht's: Sie widmen jeder Sache, die Ihnen heute positiv auffällt, exklusiv genau eine Minute Ihrer Zeit und Aufmerksamkeit. Nur eine Minute – mehr nicht! An den allermeisten Tagen ist das trotz Druck und Hektik sehr gut machbar.

Wenn Sie also bei der Arbeit über einen interessanten Satz stolpern, nehmen Sie sich bewusst eine Minute lang Zeit, um über ihn nachzudenken. Wenn Sie auf dem Spaziergang mit Ihrem Kind eine hübsche Blume sehen, nehmen Sie sich gemeinsam eine Minute lang Zeit, die Blume eingehend zu betrachten. Wenn Ihnen ein angenehmer Duft in die Nase steigt, nehmen Sie sich eine Minute lang Zeit, sich an ihm zu erfreuen, etc.

Sie werden sehen, dass Ihnen diese eine Minute anfangs sehr lang vorkommen wird! Aber Sie werden auch merken, dass Ihr Geist sich im Laufe des Tages auf diese kleinen Unterbrechungen einstellen wird und Sie die Minute dann nicht mehr als langweilig), sondern als willkommene Atempause empfinden werden.

Falls Ihr an Schnelligkeit gewöhnter Geist mit Ungeduld und Gereiztheit auf die *„Eine-Minute"*-Übung reagiert, machen Sie sich einfach Folgendes klar: Wenn Sie in der Nacht acht Stunden schlafen, bleiben Ihnen pro Tag sechzehn Stunden an wacher Zeit. Das sind 960 Minuten. Angenommen, Sie führen die *„Eine-Minute"*-Übung heute ein Dutzend Mal durch, dann wenden Sie nur insgesamt zwölf Minuten dafür auf und Ihnen bleiben ganze 948 Minuten für andere Dinge! Eigentlich mehr als genug, oder?

Und falls es trotzdem nicht klappen sollte mit der einen Minute exklusiver Aufmerksamkeit, so ist das auch kein Beinbruch! Machen Sie sich bitte keine Vorwürfe, sondern setzen Sie sich als Ziel dann eben fünf Sekunden. Denn fünf Sekunden schaffen Sie garantiert!

Und morgen zehn.

Und übermorgen dann schon fünfzehn ...

Drei Atemzüge

Auch diese Übung ermöglicht es Ihnen, in regelmäßigen Abständen für einige Sekunden aus dem Hamsterrad von Überforderung und Multitasking auszusteigen – und diese kleine Maßnahme kann überaus hilfreich sein und Ihr Gefühl des Getriebenseins nachhaltig verändern.

Probieren Sie es doch gleich mal aus: Jedes Mal, wenn eine E-Mail eintrifft, das Handy eine Nachricht ankündigt, das Telefon klingelt etc., nehmen Sie drei lange, tiefe Atemzüge, bevor Sie reagieren. Und lange, tiefe Atemzüge heißt nicht: „Ich atme ganz schnell, damit ich endlich ans Telefon gehen kann!" Atmen Sie stattdessen so, wie Sie auch zu Anfang einer Meditation atmen: tief ein und vollständig aus, wobei der Ausatem länger sein sollte als der Einatem.

Der Trick hierbei: Diese Art zu atmen signalisiert dem Gehirn, dass Sie entspannt sind. So wird das Klingeln oder Vibrieren Ihrer elektronischen Geräte Sie automatisch weniger alarmieren als sonst.

Nach den drei tiefen Atemzügen können Sie dann entscheiden, ob Sie tatsächlich reagieren möchten – die Mail checken, ans Telefon gehen – oder ob es eigentlich gar nicht so entscheidend ist, ob Sie jetzt sofort dem Ruf Ihrer Geräte folgen. Schließlich können Sie jede*n Anrufer*in zurückrufen, jede Mail auch noch später lesen.

Wenn Sie es trotzdem gleich machen möchten: völlig in Ordnung. Wichtig ist nur, dass Sie entscheiden, das zu tun – und nicht der Reflex!

Energielenkung durch Beine und Arme

Legen Sie sich für diese Übung bitte auf den Rücken. Ihre Beine sind hüftbreit geöffnet, die Füße fallen leicht zur Seite. Die Hände legen Sie (nebeneinander oder gefaltet) auf Ihren Unterbauch. *Atmen Sie einige Male tief ein und länger aus.*

Atmen Sie dann ein und stellen Sie sich dabei vor, dass Ihr Atem gezielt unter Ihre Hände fließt, die auf Ihrem Unterbauch liegen.

Beim Ausatmen strömt der Atem dann vom Unterbauch in Ihr linkes Bein, hinunter bis in Ihren linken Fuß und in die Zehen.

Beim Einatmen nimmt der Atem den umgekehrten Weg: Sie atmen durch die linken Zehen, den Fuß und das Bein bis in den Unterbauch ein ... und durch das rechte Bein wieder aus, bis hinunter zum rechten Fuß und zu den Zehen.

Atmen Sie auf diese Weise tief und ruhig weiter: durch das rechte Bein ein, durch das linke Bein aus. Durch das linke Bein ein, durch das rechte Bein aus etc.

Beobachten Sie dabei die Energie in Ihren Beinen. Wo spüren Sie sie am deutlichsten? Können Sie dem Strömen der Energie folgen?

Oder spüren Sie nichts? Auch das ist in Ordnung. Lassen Sie einfach Ihre Aufmerksamkeit dem Fluss des Atems durch Ihre Beine folgen.

Verbinden Sie auf diese Weise das rechte mit dem linken Bein, die rechte Körperseite mit der linken.

Fahren Sie damit fort, solange es Ihnen guttut. Zum Abschluss atmen Sie noch einmal ein bis unter Ihre beiden Hände ... und durch beide Beine gleichzeitig aus. Spüren Sie in Ruhe nach, wie Sie Ihre Beine nun wahrnehmen.

Wenn Sie bis jetzt noch nicht eingeschlafen sind, können Sie mit einer Energielenkung durch die Arme weitermachen. Dafür strecken Sie die Arme bitte seitlich aus, die Handflächen zeigen nach oben.

Wenden Sie Ihren Kopf leicht nach links und atmen Sie durch Ihren linken Arm aus, bis der Atem in der linken Hand, den Fingern, den Fingerspitzen angekommen ist.

Beim Einatmen nimmt der Atem wieder den umgekehrten Weg: von den Fingerspitzen durch die Hand und den linken Arm bis zur Mitte der Brust. Dabei wenden Sie den Kopf bitte zur Mitte.

Wenden Sie beim Ausatmen den Kopf nun nach rechts und schicken Sie Ihren Atem durch den rechten Arm, die rechte Hand und die Finger bis in Ihre Fingerspitzen.

Beim Einatmen fließt der Atem dann von den Fingerspitzen über Hand und Arm bis zur Mitte der Brust zurück, während Ihr Kopf sich langsam wieder zur Mitte wendet.

Fahren Sie auf diese Weise in Ihrem eigenen Atemrhythmus fort. Versuchen Sie auch diesmal, die Energie in Ihrem Körper zu spüren, und falls Sie nichts spüren, folgen Sie dem Atemstrom einfach mit Ihrer Aufmerksamkeit. Stellen Sie sich dabei vor, wie wunderbar sich die rechte und die linke Seite Ihres Körpers ergänzen.

Wenn Sie die Übung beenden möchten, atmen Sie abschließend durch beide Arme gleichzeitig aus.

Spüren Sie in Ruhe nach, wie Sie Ihre Arme und Beine nun wahrnehmen, und genießen Sie das Gefühl der Verbindung, des Ausgleichs und der körperlichen Harmonie.

Affirmationen *für den Notfall*

Atme zu Beginn tief ein ... und lang und vollständig aus. Sage dir dann mit ruhiger Stimme:

Ich gönne mir die Zeit, die es braucht, um mich zu sammeln.
Es ist gut und richtig, dass ich meinen hochsensiblen Sinnen eine Pause gönne.
Es ist gut und richtig, dass ich auf mein Wohlbefinden achte.
Es ist wichtig, dass es mir gut geht.
Ich bin wichtig.
Ich bin liebenswert.
Ich bin es wert, dass ich mich um mich selbst kümmere.
Ich bin es wert, das Leben zu führen, das mir guttut.
Ich bin es wert, glücklich zu sein.
Ich nehme jede Veränderung in Angriff, die dazu dient, mich glücklich zu machen.
Ich sage Nein, wenn ich Nein sagen will.
Ich sage Ja, wenn es das ist, was ich möchte.
Ich führe ein Leben, das zu meinem hochsensiblen Ich passt.
Ich führe ein spannendes und entspannendes Leben.
Ich führe ein Leben in Balance.
Ich bin in meiner Mitte.
Ich fühle mich wohl.
Ich fühle mich erholt.

Ich fühle mich stark.
In mir fließt frische, belebende Energie.
Ich kann mit jeder Situation gut umgehen.
Ich darf Fehler machen.
Ich vertraue mir selbst.
Ich vertraue dem Leben.
Ich bin vertrauensvoll, mutig und stark.
Ich bin ausgeglichen.
Ich bin erfüllt von einer heiteren Gelassenheit.
Ich schenke mir ein Lächeln, das von Herzen kommt.
Ich ruhe in mir.

SOS-Meditation

Atme durch die Nase ein und durch den Mund aus. Und noch einmal durch die Nase ein und durch den Mund aus.

Lass die Ausatmung länger werden als die Einatmung: durch die Nase ein – zwei, drei –, durch den Mund aus – zwei, drei, vier, fünf, sechs.

Durch die Nase ein – zwei, drei –, durch den Mund aus – zwei, drei, vier, fünf, sechs.

Stelle dir nun vor, dass beim Einatmen eine ruhige, unerschütterliche Kraft in dich einströmt und dass du sie beim Ausatmen überall in deinem Körper verteilst: Die ruhige, unerschütterliche Kraft strömt in dich ein – zwei, drei – und verteilt sich in allen Zellen deines Körpers – zwei, drei, vier, fünf, sechs.

Atme diese Kraft ein – zwei, drei – und atme aus – zwei, drei, vier, fünf, sechs – und spüre, wie dein ganzer Körper, jede Zelle, jede Faser, von dieser ruhigen, unerschütterlichen Kraft erfüllt und verwandelt wird.

Dein Körper wird ganz still und entspannt.
Dein Geist kommt wunderbar zur Ruhe.
Du fühlst frische Energie und bist erfüllt von Kraft und Gelassenheit.

Energie, Kraft und Gelassenheit.
Wie Schutzengel stehen diese drei dir zur Seite.

Energie, Kraft, Gelassenheit.

Und diese drei, deine Schutzengel, nimmst du nun mit in deinen Alltag.

Und so atmest du noch einmal tief ein und beim Ausatmen kehrst du mit Energie, mit Kraft und mit Gelassenheit zurück – und bist wieder ganz da!

12. Den Weg weitergehen

Während Sie dieses Buch gelesen und mit ihm gearbeitet haben, haben Sie viel gelernt. Wenn Sie einige oder alle Übungen durchgeführt, sich vielleicht sogar eine neue, achtsamere Haltung sich selbst und dem Leben gegenüber angewöhnt haben, dann haben Sie sich außerdem ein ganzes Stück weiterentwickelt: Sie haben meditiert, in sich hineingehorcht, geschrieben, reflektiert und sich wohlwollend mit Ihrem Körper verbunden …

und das ist wunderbar! Ich möchte Sie herzlich dazu beglückwünschen.

Nun jedoch sind Sie beinahe am Ende des Buches angelangt und es wartet noch eine letzte Herausforderung auf Sie: das Gelernte, Erfahrene und Geübte auf Dauer in Ihr Leben zu integrieren. Es lohnt sich deshalb, Ihrer Motivation für diese große, langfristige Veränderung zum Abschluss noch einmal ganz in Ruhe nachzugehen! Mit der Reflexionsübung *„Mein ‚Wofür'"* möchte ich Sie dabei unterstützen.

In Zeiten, in denen Sie dennoch von Ihrem neuen, entspannteren Weg durchs Leben abzukommen drohen, hilft Ihnen die letzte Schreibübung dieses Buches: Mit ihr können Sie aus der Abwärtsspirale von Stress und Hektik ausbrechen und in einen wunderbaren *„Engelskreis"* gelangen.

Und auch zum Meditieren möchte ich Sie noch einmal einladen: *„Ein herrlicher Stern"* soll Sie dazu ermutigen, sich bewusst als Schöpfer*in der eigenen Wirklichkeit zu sehen, zu träumen, die Welt zu gestalten, zu fliegen. Ich wünsche Ihnen viel Freude dabei!

Reflexion:
Mein „Wofür"

Stellen Sie sich bitte vor, Sie befinden sich am Ufer eines Sees. In Ihrer Hand liegt ein flacher, glatter Stein und Sie betrachten ihn liebevoll, denn Sie wissen, dass er Ihnen in Zukunft ein guter Helfer sein wird. Sie holen aus und lassen den Stein übers Wasser flippen ... und jedes Mal, wenn er auf dem Wasser aufkommt, um dann weiterzuspringen, bilden sich kleine, konzentrische Kreise auf der Wasseroberfläche.

Sie sehen all diese Kreise, und je länger Sie sie betrachten, desto tiefer wird Ihr Begreifen: Jeder Kreis ist eine Antwort. Jeder Kreis ist ein *„Wofür"*, ein *„Wozu"* oder auch ein *„Für wen"*: Wofür möchten Sie Ihren Stress bewältigen? Wozu möchten Sie von nun ab regelmäßig meditieren? Für wen tun Sie das?

Stellen Sie sich Ihre eigenen Fragen, und betrachten Sie in Ruhe und Gelassenheit Ihre eigenen Antworten. Lassen Sie sich bitte Zeit dafür. So, wie die Kreise sich auf der Wasseroberfläche ausbreiten, werden sich Ihre Antworten, Ahnungen und Hoffnungen in Ihrem Inneren ausformen.

Suchen Sie aus dem, was in Ihnen aufgetaucht ist, dann diejenigen Antworten aus, die Ihre stärkste Motivation für Stressbewältigung, Achtsamkeit und ein ausgeglicheneres Leben darstellen. Diese Antworten sind Ihr ganz persönliches *„Wofür"*!

Schreiben Sie dieses *„Wofür"* auf eine schöne Postkarte und hängen Sie die Karte an einer Stelle auf, wo Sie sie täglich sehen können.

Schreibübung:
Engelskreis

Mit dieser Schreibübung schaffen Sie sich eine „*vorauseilende Erinnerung*“, die Sie immer dann hervorkramen können, wenn Sie doch wieder im Stress zu versinken drohen.

Greifen Sie also bitte zu Stift und Papier und beginnen Sie mit den Sätzen:

> *„Ich könnte nicht stolzer auf mich sein, denn ich habe es geschafft! Ich habe den Teufelskreis der Überforderung und Hektik in einen Engelskreis verwandelt ...“*

Und dann beschreiben Sie möglichst konkret (und gern auch ziemlich euphorisch), wie der Ausgangspunkt aussah – also der Teufelskreis – und wie Sie es angestellt haben, daraus einen Engelskreis zu machen:

- *Welche ungünstigen, negativen Gedanken über sich selbst und Ihr Leben hatten Sie, und durch welche Gedanken haben Sie sie ersetzt?*
- *Wie ist es dazu gekommen, dass der Stress Sie überwältigte, und an welchem Punkt ist Ihnen bewusst geworden, dass Sie sich in die falsche Richtung bewegen?*
- *Welche Anfangsschwierigkeiten haben sich Ihnen in den Weg gestellt und wie haben Sie es geschafft, diese zu überwinden?*

- *Und was genau fühlen Sie jetzt, da Sie an einem Punkt angelangt sind, an dem es nicht mehr abwärts geht, sondern nur noch aufwärts? Jetzt, da Sie wissen, dass Sie ein Problem hatten, aber ebenso, dass Sie eine Lösung dafür gefunden haben?*
- *Malen Sie sich vor allem die Erkenntnisse, die Lösungen, die positiven Gefühle in den leuchtendsten Farben aus. Wenn es Ihnen hilft, hören Sie dabei fröhliche oder erhebende Musik, und versuchen Sie, beim Schreiben zu lächeln. Seien Sie im Engelskreis – hier und jetzt!*

Und dann bewahren Sie diese Geschichte gut – und vor allem griffbereit – auf, denn sie ist Ihr ureigenes Sicherheitsnetz: eine Erinnerung an das wunderbare Gefühl, sich im Engelskreis zu befinden. Eine Erinnerung an Ihre eigene Kraft und Stärke. Eine Erinnerung an Ihre Fähigkeit, Lösungen zu finden, und eine Erinnerung an das Glück, das Sie erfahren dürfen, wenn Sie sich einen Ruck geben und diese Lösungen (wieder) in Ihr Leben integrieren.

Willkommen im guten Leben. Willkommen im Engelskreis!

Meditation:
Ein herrlicher Stern

Setze dich bequem und aufrecht hin oder mache es dir im Liegen gemütlich. Atme einige Male tief ein und wieder aus. Ein …

und aus. Ein … und aus.

Du atmest ein und aus, und du fühlst, wie du ganz leicht wirst: Dein Körper sitzt oder liegt federleicht auf seiner Unterlage.

Deine Beine und Füße sind federleicht.
Deine Schultern sind federleicht, sie müssen jetzt nichts tragen.
Und auch dein Kopf ist federleicht, denn alle schweren Gedanken schweben einfach davon.
Du bist federleicht – so leicht, dass du fliegen kannst!

Und so fliegst du hinauf in den Himmel … zu den Wolken … durch die Wolken hindurch … ins weite, freie Universum. Es ist dunkel hier oben, doch um dich herum funkeln die Sterne, und du siehst dich um …

… und von einem dieser funkelnden Sterne wirst du magisch angezogen! Du fliegst auf ihn zu, du bist glücklich und aufgeregt – und je näher du deinem herrlichen, wunderschönen Stern kommst, desto deutlicher kannst du sehen, was sich auf seiner Oberfläche befindet.

Schau genau hin: Sind es Wälder? Wiesen? Meere? Flüsse? Oder ist es eine ganz und gar fantastische Landschaft? Du schwebst über deinem Stern und betrachtest ihn. Nimm dir Zeit, um dir alles ganz in Ruhe anzusehen.

Und während du so über deinem Stern schwebst und seinen herrlichen Anblick genießt, steigt das Wissen in dir auf, dass dein Geist der Schöpfer dieses Sterns ist!

Alles, was du dir vorstellst, wird auf diesem Stern Wirklichkeit.

Alles, was du sehen möchtest, kannst du sehen.
Jedes Wesen, das du ins Leben rufen möchtest, wird lebendig.
Jede Landschaft, die du dir erträumst, wird erschaffen.

Und du überblickst die herrliche Welt auf deinem Stern, die du geschaffen hast, und dein Bewusstsein ist durchdrungen von der beglückenden Erkenntnis, dass dein Geist diese wunderschöne, vielfältige Welt kreiert hat.

Und so fliegst du näher an deine Schöpfung heran, du setzt sanft auf deinem Stern auf und du spürst seinen festen, realen Boden unter deinen Füßen. Du läufst los, bewegst dich in deiner Welt und siehst Pflanzen und Tiere – ein wundervolles Paradies, das du geschaffen hast.

Und eines der Tiere, ein besonders majestätisches, fesselt deinen Blick. Ihr seht euch an ... und langsam geht ihr aufeinander zu.

Das Tier beginnt zu sprechen, in einer fremden Sprache, die du mühelos verstehst. Und es sagt dir, warum du hier bist, was du hier erfahren sollst, was du lernen sollst. Hör genau zu ...

... oder vielleicht siehst du auch Bilder, die das Tier dir zeigt ...
... oder es hat ein Geschenk für dich, das es dir überreicht ...
... und wenn du spürst, dass es Zeit ist, bedankst du dich bei dem Tier und verabschiedest dich von ihm.

Und du blickst dich noch einmal in deiner Welt um ... und mit jeder Faser deines Seins spürst du das Glück, all dies erschaffen zu haben.

Dann nimmst du Abschied. Du breitest deine Arme aus und beginnst wieder zu schweben, immer höher, bis die Landschaft unter dir verschwimmt … und dein Stern kleiner und kleiner wird … bis er nur noch ein funkelnder Punkt im Universum ist. Und du fliegst zu deiner Heimat, der Erde, zurück.

Und du weißt, dass du etwas Wichtiges erfahren hast – von dem Tier auf deinem Stern und durch das Bewusstsein, Schöpferkraft zu besitzen. Und dieses Bewusstsein trägst du nun in deinem Herzen und niemand wird es dir je wieder nehmen können.

Und so landest du wieder auf der Erde – in deinem Körper, auf deiner Unterlage – und dein Körper wird wieder schwerer. Du atmest wieder kräftiger … du atmest tief ein und kräftig aus. Und du bewegst die Finger … die Hände … die Zehen … die Füße. Du reckst und streckst dich. Und dann bist du wieder ganz im Hier und Jetzt … und du schlägst deine Augen auf.

13. Zum guten Schluss: Glücklich hochsensibel!

Zum guten Schluss möchte ich Sie in eine Meditation mitnehmen, in der es um Glücksmomente geht. Wir konzentrieren uns im Alltag so oft nur auf das, was wir zu erledigen haben, was wir tun müssen, was uns vielleicht stört. Dabei gibt es – gerade für uns Hochsensible mit unseren feinen Antennen und unserer vertieften Wahrnehmung – jeden Tag so viel Schönes zu entdecken! In dieser Meditation dürfen Sie diese leuchtenden, schimmernden Momente des Alltags einmal ganz bewusst wahrnehmen.

Führen Sie die Meditation ruhig öfter durch. Sie werden sehen: Mit der Zeit werden Sie wie von selbst achtsamer für die kleinen Schönheiten des Lebens und Sie werden nicht nur wissen, sondern auch tief in Ihrem Herzen spüren, dass hochsensible Sinne nicht nur eine Last sind. Im Gegenteil: Sie können eine wunderbare Bereicherung sein, wenn wir das nur zulassen.

Sind Sie bereit?

Ich wünsche Ihnen ein wunderschönes, glückliches Leben mit dem Geschenk Ihrer Hochsensibilität!

Meditation:
Glücksmomente kultivieren

Nimm eine entspannte, aufrechte Haltung ein und richte die Konzentration auf deinen Atem. Atme sanft ein ... und länger aus. Und noch einmal sanft ein ... und lang aus. Sanft ein ... und lang aus.

Erlaube nun deinem Atem, seinen eigenen Rhythmus zu finden. Beobachte, wie deine Brust sich hebt und senkt ... wie dein Bauch sich ein wenig vorwölbt und wieder flacher wird ... atme ein und aus. Und wenn deine Gedanken abschweifen, was ganz normal ist, dann ärgere dich nicht, sondern hole sie sanft zu dir und deinem Atem zurück.

Du atmest ein und aus. Sonst gibt es nichts zu tun. Du musst nichts beweisen. Du musst nichts darstellen. Du darfst einfach nur hier sitzen und atmen. Du atmest ein und aus ...

... und in dieser Zeit, die nur dir gehört, denkst du an die kurzen, flüchtigen, aber wunderschönen Momente, die du immer wieder vom Leben geschenkt bekommst und die du mit deinen feinen Sinnen vertieft wahrnehmen darfst. Du fühlst diese Momente ... jetzt!

Du fühlst den Moment, in dem du die erste Frühlingsblume des Jahres erblickst.

Du fühlst den Moment, in dem der Regen an die Scheibe prasselt und dir ganz plötzlich bewusst wird, wie wunderbar warm und geborgen du es in deiner Wohnung hast.

Du fühlst den Moment, in dem du den ersten Schluck Tee oder Kaffee des Tages trinkst, den besten Schluck der ganzen Tasse.

Du fühlst den Moment, in dem du begreifst, dass du einem kummervollen Freund oder einer Freundin Trost spenden konntest.

Du fühlst den Moment, in dem du in die Sonne blinzelst und dich ein ganz leichtes, glückliches Sommergefühl überkommt.

Du fühlst den Moment, in dem du ins Wasser eintauchst – ins Meer, in einen See oder auch in die Badewanne – und dein Körper sich rundum wohlfühlt.

Du fühlst den Moment, in dem Herbstlaub unter deinen Füßen raschelt und du dich darüber freust wie ein kleines Kind.

Du fühlst den Moment, in dem dir bewusst wird, dass sich jetzt, genau jetzt, ein wundervoller Friede auf dich senkt.

Du fühlst den Moment, in dem alle Sorgen, alle Nervosität, alle Belastungen von dir abfallen.

Du fühlst den Moment, in dem deine Seele weiß, dass das Leben es gut mit dir meint.

Und du fühlst den Moment, in dem du tief in dir begreifst, dass du so, wie du bist – genau so, mit all deinen Eigenheiten, mit all deiner Empfindsamkeit – gut und gewollt und richtig bist.

Und du atmest ein und aus. Und wenn du gleich wieder aus der Meditation auftauchst, dann nimmst du das Wissen mit, dass diese beglückenden Momente des Lebens immer da sind, immer um dich herum sind – bereit, von dir und deinen wunderbar feinen Sinnen erkannt und gefühlt zu werden!

Und so schenkst du dir selbst ein liebevolles Lächeln ... und dann öffnest du die Augen und kehrst langsam, in deinem Tempo, zurück in deinen Alltag.

Empfehlenswerte Literatur zur Vertiefung

Georg Parlow
Zart besaitet. Selbstverständnis, Selbstachtung und Selbsthilfe für hochsensible Menschen (Wien 2017)

Jon Kabat-Zinn
Gesund durch Meditation. Das große Buch der Selbstheilung mit MBSR (München 2019)

Gert Kaluza
Gelassen und sicher im Stress. Das Stresskompetenz-Buch: Stress erkennen, verstehen, bewältigen (Berlin 2018)

Kristin Neff
Selbstmitgefühl. Schritt für Schritt. Buch & 4 CDs (Freiburg 2014)

Mark Williams und Danny Penman
Das Achtsamkeitstraining. 20 Minuten täglich, die Ihr Leben verändern (München 2015)

Jürgen Zulley
Mein Buch vom guten Schlaf. Endlich wieder richtig schlafen (München 2010)

Ausgewählte Meditations-Apps

7Mind
Ruhige Meditationen ohne Musik, Einschlafgeschichten, gute Wissenskurse; in der Basisversion kostenlos.

Calm
Optisch besonders schöne und auch inhaltlich überzeugende App; in der Basisversion kostenlos.

Insight Timer
Besonders vielseitige Meditations-App mit internationalen Lehrer*innen; in der Basisversion kostenlos.

Hilfreiche Websites

www.hochsensibel.org
Webseite des IFHS (Informations- und Forschungsverbund Hochsensibilität e. V.).

www.zartbesaitet.net
Website von „Zart besaitet – Verein zur Förderung und Pflege der Belange hochempfindlicher Menschen".

www.aurum-cordis.de
Kompetenzzentrum für Hochsensibilität mit Angeboten zu Beratung, Coaching und Weiterbildung.

www.mbsr-verband.de
Möglichkeit zur Kurs- und Lehrenden-Suche für Stressbewältigung durch Achtsamkeit (MBSR) in Deutschland.

mbsr-mbct.at
Möglichkeit zur Kurs- und Lehrenden-Suche für Stressbewältigung durch Achtsamkeit (MBSR) in Österreich.

www.mindfulness.swiss
Möglichkeit zur Kurs- und Lehrenden-Suche für Stressbewältigung durch Achtsamkeit (MBSR) in der Schweiz.

www.self-compassion.org
Kristin Neffs Website zum Achtsamen Selbstmitgefühl (MSC), enthält u.a. mehrere geführte Meditationen (englischsprachig).

www.msc-selbstmitgefuehl.org
Möglichkeit zur Kurs- und Lehrenden-Suche für Achtsames Selbstmitgefühl (MSC) in Deutschland, Österreich und der Schweiz.

www.dags.de
Website der Deutschen Akademie für Gesundheit und Schlaf e. V.; unter dem Reiter „Links“ finden sich eine Liste mit Schlaflaboren, Verweise zu Schlafmediziner*innen und Selbsthilfegruppen, ein Fragebogen zu Schlafstörungen sowie viele weitere Informationen.